Compiler & Automata

컴파일러와 오토마타

– 이론 및 실습 –

강승식

국민대학교 출판부

머 리 말

컴퓨터공학 전공 학생들에게 컴파일러 과목의 강의를 시작하면서부터 매 학기가 끝나고 나면 학생들의 반응은 늘 한결같이 "컴파일러 과목이 너무 어려워요", "컴파일러 관련 지식이 어떤 경우에 필요한지 잘 모르겠어요"라는 것이다. 좀더 쉽게 설명을 하고, 쉬운 예를 들기도 하지만 컴파일러 교재가 어렵게 기술되어 있어서 중간고사, 기말고사 공부를 할 때쯤이면 수업 시간에 이해했던 것을 대부분 잊어버렸기 때문에 학생들이 스스로 책을 읽고 학습하고자 할 때 애로사항이 있었다. 또한, 새로운 언어를 설계하거나 컴파일러 제작 필요성을 느끼지 못하는 학생들에게는 컴파일러 관련 지식이 데이터베이스의 SQL 질의 문장을 분석하여 SQL 질의문에 적합한 자료를 검색하는데 필수적이라고 설명하더라도 컴파일러 제작 필요성을 느끼지 못하는 것과 비슷할 것이다.

문법으로 기술해야만 정확한 문제 정의가 가능하고 문법으로 기술된 문제를 프로그램으로 작성할 때 컴파일러 관련 지식이 없으면 완벽한 프로그램을 작성할 수 없다. 문법(생성규칙)에 맞는 문장만을 인식하고 인식된 문장의 구조를 파스 트리 형태로 구성하려면 어떻게 프로그램을 작성할 수 있는지 질문을 해 본다. 그리고 컴파일러 이론을 알면 쉽게 해결할 수 있지만 그렇지 않으면 완벽한 프로그램을 작성할 수가 없다고 설명해 준다. 그러나 이것만으로 컴파일러와 오토마타에 대한 관심과 흥미를 유발하기가 쉽지 않다. LEX와 YACC 또한 어휘분석기와 파서를 완벽하게 자동으로 생성해 주는 매우 유용한 도구이지만 아무리 좋은 도구라 하더라도 활용 방법을 잘 모르거나 그 필요성이 없다면 무용지물일 것이다.

다행히도 최근에는 컴퓨터 소프트웨어 분야의 흐름이 HTML, XML 문서 등 구조화된 문서를 처리할 필요성이 증가하고, 사용자 인터페이스가 언어 처리 기술과 관련되는 형태로 발전하면서 컴파일러 분야의 중요성이 강조되고 있다. 이러한 흐름과 더불어 컴파일러의 중요성에 대해서도 이제는 더 이상 컴파일러 과목을 왜 배워야 하는지, 어휘분석기와 파서를 어떤 목적으로 사용하는지를 굳이 자세히 설명하지 않아도 그 필요성에 대해 어느 정도 인지하고 있다고 생각된다. 다만, 아직도 컴파일러 관련 내용들을 학습할 때 내용이 어렵고 딱딱하게 느껴진다는 문제점이 있다. 이러한 문제점을 극복하기 위하여 컴파일러 교재의 내용을 구성할 때 컴파일러 이론 중심이 아니라 컴파일러 관련 프로그램을 작성할 수 있는 능력을 기를 수 있도록 실습 위주로 구성하였다. 이론적인 내용을 기술할 때도 가급적 불필요하게 형식에 치우치지 않도록 하면서 개념을 쉽게 설명하고자 하였다. 또한, 이론적인 내용에 대해 예제 프로그램과 프로그래밍 실습을 통하여 실제로 구현하는 방법을 익힐 수 있도록 하였다.

교재 내용은 컴퓨터 공학을 전공하는 대학교 3-4학년 학생들이 한 학기 동안 컴파일러 과목을 수강할 때 학습 효과를 최대로 하는데 중점을 두었다. 이 교재에서 추구하고자 하는 목적은 크게 세 가지이다. 첫째, 컴파일러와 오토마타 이론을 최대한 개념을 쉽게 이해할 수 있는 형태로 설명하는 것이다. 즉, 가급적 불필요하게 복잡하고 난해한 형태의 수식이나 형식적인 부분을 배제하고 개념을 중심으로 설명하고자 하였다. 둘째, 컴파일러와 오토마타 이론에 대해 학습한 내용을 실제 프로그램으로 작성하는 방법과 프로그램의 작동 방법을 보여 주기 위하여 예제 프로그램을 실습할 수 있도록 하였다. 셋째, 컴파일러 관련 지식을 실제 프로그래밍 업무에 활용할 수 있도록 컴파일러 자동화 도구인 LEX, YACC를 예제를 통해 사용법을 익히고 다양한 주제에 대한 실습을 통해 도구를 잘 활용할 수 있도록 하였다.

이러한 목적의 교재를 개발하기 위하여 교재의 내용을 제1부는 컴파일러와 오토마타 이론을 설명하고, 제2부에서는 1부의 내용을 구현한 예제 프로그램을 통해 실제 프로그래밍 연습을 할 수 있도록 하였다. 특히, 2부의 많은 부분을 LEX와 YACC를 사용하는 방법에 관한 예제 프로그램으로 구성하여 컴파일러를 한 학기 수강한 학생들이 LEX와 YACC를 잘 활용하는 충분한 실력을 갖출 수 있게 한 것이 가장 큰 특징이다. 이 교재를 채택하여 컴파일러 강의를 할 때는 주당 3시간의 강의를 강의와 실습 비율을 대략 5대 5로 하여 이론 강의는 제1부 내용을 순서대로 강의하고, 실습 시간에는 제2부의 내용을 간단한 설명과 함께 학생들이 직접 실습을 할 수 있도록 하는 것을 권장한다. 매주 이론 수업 내용과 실습 내용이 주 단위로 일치되는 것이 아니기 때문에 이론 수업 진도와 실습 진도가 일치되지 않은 경우가 있는데 이는 이론 수업에 맞는 실습을 할 수 있도록 적절하게 조절하면서 실습을 진행하는 방법으로 극복할 필요가 있다.

이 컴파일러 교재는 처음에 기획할 때 제2부 실습 부분을 중요시하였기 때문에 제1부의 이론 부분은 주요 개념 위주로 구성하여 타 교재에 비해 세세한 부분 설명이나 연습문제가 부족한 점이 있다. 이 경우에는 이론적인 내용은 기존의 타 교재를 취하고, 이 교재는 실습 교재로 활용하는 것도 가능하다. 이 교재의 주요 실습 내용을 요약하면 아래와 같다.

- 문법 이론과 생성 문법에 대한 언어 인식 프로그램과 생성 프로그램 실습

- 오토마타 이론에 대한 오토마타 구현 프로그래밍 실습
- 컴파일러 이론에 대한 top-down 파서 및 bottom-up 파서 구현 실습
- LEX 사용법에 대한 다양한 예제 프로그램을 통한 실습
- YACC 사용법에 대한 다양한 예제 프로그램을 통한 실습

이 컴파일러 교재는 공학인증 프로그램에서 설계 과목을 중요시하고, NEXT 사업 등을 통하여 수요 지향적 공학 교육, 그리고 대학 교육 과정에서 학습한 내용이 산업체에서 필요한 실용적인 교육이 되도록 하고자 하는 노력의 일환으로 완성될 수 있었다. 특히, NEXT 사업에서 교재 개발 비용을 지원해 주지 않았다면 수년전부터 실습 위주의 컴파일러 교재를 만들었으면 하는 마음으로 조금씩 준비해 왔던 실습 관련 내용들이 정리되지 않은 채 교재로 완성되지 않고 사장되었을 수도 있었을 것이다. 이 책이 완성되기까지 실습 내용을 보완해 주고 예제 프로그램을 작성하고 테스트하는데 도움을 준 박일남, 배병걸 군에게 감사드린다.

2012년 1월 16일 북한산 기슭에서 강승식 씀

차 례

제1부 컴파일러와 오토마타 이론

제2부 컴파일러와 오토마타 실습

제 1 부 컴파일러와 오토마타 이론

강 승 식

제1장 컴파일러 소개

컴파일러(compiler)는 원시 코드(source code)를 목적 코드(target code)로 번역해 주는 언어 번역기(language translator) 중의 하나이다. 언어 번역기의 입력인 원시 코드는 고급 언어(high-level language)로 작성된 소스 프로그램이고, 출력 결과인 목적 코드는 기계어(machine language) 또는 어셈블리어(assembly language) 프로그램이다.

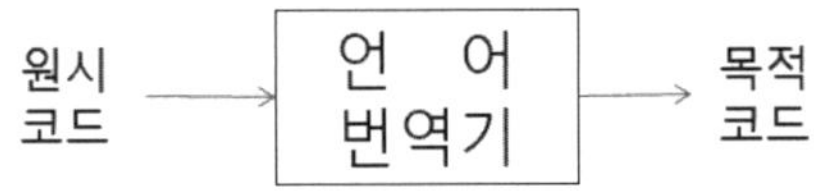

언어 번역기에는 컴파일러, 인터프리터(interpreter), 전처리기(pre-processor), 어셈블러(assembler), 교차 컴파일러(cross compiler) 등이 있다. 인터프리터는 컴파일러와 마찬가지로 고급 언어 프로그램을 번역하지만 컴파일러가 번역 결과로써 목적 코드를 생성하여 파일로 저장하는데 비해 인터프리터는 목적 코드를 파일로 저장하는 것이 아니라 한 문장씩 번역하여 바로 실행하는 형태의 번역기이다.

언어 번역기
- 컴파일러
- 인터프리터
- 교차 컴파일러
- 어셈블러

전처리기는 원시 코드를 번역하는 것은 아니지만 C 언어에서 매크로 확장과 #include문에 의한 외부 파일 삽입, C++에서 클래스 템플릿 등과 같이 원시 코드 내용을 분석하여 컴파일러가 번역을 시작하기 전에 전처리가 필요한 부분들을 반영하여 소스 코드를 준비해 주는 역할을 한다. 교차 컴파일러는 고급 언어를 번역한 결과물인 목적 코드가 현재 컴파일을 수행하는 컴퓨터에서 실행하기 위한 것이 아니라 다른 기계에서 실행되는 목적 코드로 번역하는 컴파일러이다. 교차 컴파일러는 휴대폰에서 실행하기 위한 소프트웨어를 개발하거나 차량 네비게이션용 소프트웨어, 자동차와 가전 제품 등에 내장되는 소프트웨어를 개발하는 등 목적 코드를 실행할 기계에서 컴파일러를 작동할 수 없는 경우에 다른 플랫폼에서 컴파일을 해 준다.

컴파일러는 고급 언어 프로그램을 컴퓨터에서 실행 가능한 기계어로 번역하는 것이 목적이지만 어셈블리어로 출력하더라도 어셈블러를 이용하여 기계어로 번역할 수 있기 때문에 굳이 기계어로 직접 생성하지 않고 어셈블리어로 생성하는 것이 편리할 것이다. 자바 컴파일러는 컴파일 결과를 기계어가 아니라 바이트 코드(byte code)로 생성한다. JVM(Java Virtual Machine)은 어셈블리어 형태의 바이트 코드를 번역한 후에 실행하기 때문에 자바로 작성된 프로그램의 실행 속도가 느린 단점이 있다. 초기의 JVM이 실행할 때마다 바이트 코드를 번역하기 때문에 실행 효율이 매우 나쁜 문제점을 해결하기 위해 첫 번째 실행할 때만 바이트 코드를 번역하고 두 번째부터는 번역된 결과물을 저장하여 실행하는 방법으로 자바의 실행 효율이 개선되었다.

ㅇ 컴파일러의 역할
- 입력: 고급 언어 프로그램(원시 코드, source code)
- 출력: 기계어 또는 어셈블리어 프로그램(목적 코드, target code)

컴파일러의 내부 구조는 전단부(front-end)와 후단부(back-end)로 구성된다. 전단부는 원시 코드를 분석하는 부분이고, 후단부는 분석 결과로부터 목적 코드를 생성하는 부분이다. 전단부의 분석 과정은 순서대로 어휘 분석(lexical analysis), 구문 분석(syntactic analysis 또는 parsing), 의미 분석(semantic analysis)으로 구성되며 후단부의 생성 과정은 중간 코드 생성(intermediate code generation), 코드 최적화(code optimization), 목적 코드 생성(object code generation)으로 구성된다. 컴파일러의 각 구성 요소들은 모듈화되어 여러 개의 독립적인 모듈들이 순서대로 결합되어 컴파일러라는 하나의 소프트웨어가 된다.

ㅇ 컴파일러의 구조: 전단부와 후단부
- 전단부(분석 과정)
  원시 코드 -> 어휘 분석 -> 구문 분석 -> 의미 분석
- 후단부(생성 과정)
  중간 코드 생성 -> 코드 최적화 -> 목적 코드 생성 -> 목적 코드

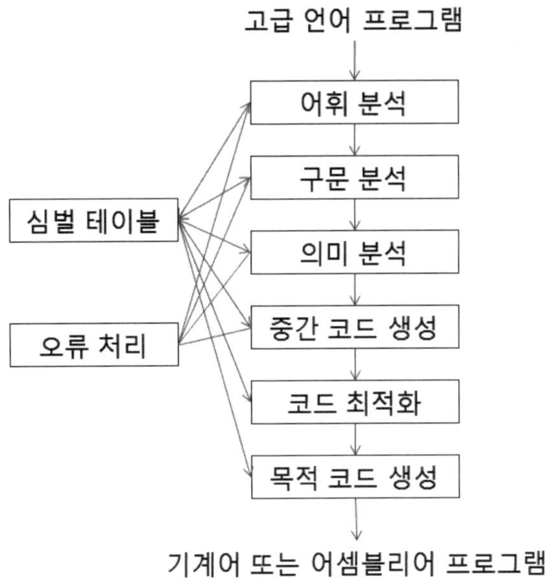

어휘 분석을 하는 소프트웨어를 어휘 분석기(lexical analyzer) 또는 스캐너(scanner)라고 한다. 어휘 분석기는 원시 코드를 입력으로 받아서 원시 코드를 구성하는 최소의 의미 단위(meaningful unit), 즉 더 이상 분해하면 그 의미가 훼손되는 단위인 토큰(token)들을 인식하는 기능이다. 어휘 분석기의 입력은 문자열(character sequence 또는 byte stream)인데 이 문자열을 의미 단위인 토큰 열(token sequence)로 분리한다.

- 토큰(token): 의미를 갖는 최소 단위

- 어휘 분석기
  - 입력: 원시 코드(source code)
  - 출력: 토큰 열(token sequence)

일반적으로 어휘 분석 결과는 인식된 토큰에 대한 <token number, token value>쌍 형태로 생성된다. 토큰 번호(token number)는 각 토큰들에 대해 유일하게 정의된 정수값이고, 토큰 값(token value)은 인식된 토큰이다. 예를 들어, 정수 토큰에 대한 토큰 번호를 100이라 할 때 어휘 분석기는 모든 정수들에 대해 <100, 정수값> 형태로 출력한다.

구문 분석(syntax analysis) 또는 파싱(parsing)은 어휘 분석 결과로 생성된 토큰 열을 입력으로 하여 1개 이상의 토큰들로 구성된 문장의 구조를 분석하는 것이다. 구문 분석 소프트웨어를 구문 분석기(syntax analyzer) 또는 파서(parser)라고 한다. 구문 분석기는 유효한 문장의 구조를 기술한 문법(grammar)에 따라 구문 구조(syntax structure)를 분석하는 기능을 한다. 구문 분석 결과는 입력 문장에 대한 분석 결과로 파스 트리(parse tree) 또는 구문 트리(syntax tree) 형태로 생성된다.

o 구문 분석기 또는 파서
  - 입력: 토큰 열(token sequence)
  - 출력: 파스 트리(parse tree) 또는 구문 트리(syntax tree)

예) my_array[index+1] = x + 100;

의미 분석은 구문 분석 결과로 생성된 문장의 의미를 분석해야 할 경우에 필요하며, 구문 분석 결과로 생성된 파스 트리의 내용으로부터 각 sub-tree들의 의미에 맞는 중간 코드(intermediate code)를 생성한다. 컴파일러의 전단부 분석 결과를 바로 목적 코드로 생성하지 않고 중간 코드로 생성하는 이유는 다음과 같다.

컴파일러는 각 목적 기계(target machine)마다 해당 목적 기계에서 실행되는 코드를 생성하는데 윈도, 리눅스, 유닉스 등 운영체제뿐만 아니라 하드웨어 종류에 따라 기계어 유형이 많이 다르다. 목적 코드의 생성은 스택 기계(stack machine)와 3-주소 방식 등 해당 기계어 유형 및 특성에 맞게 생성되어야 한다. 컴파일러 전단부의 소스 코드 분석 과정은 기계 독립적(machine independent)이고 모든 플랫폼에 공통적이지만, 후단부에서 목적 코드를 생성하는 기계 의존적인(machine dependent) 부분은 각 플랫폼마다 다르게 제작되어야 한다.

모든 플랫폼에 대한 컴파일러의 후단부를 각각 개발하는 것은 비효율적이므로 컴파일러 제작의 효율성 및 비용 절감을 위해 목적 코드 생성 과정에서 공통적인 부분을 최대로 할 필요가 있다. 후단부의 생성 과정에서 기계 의존적인 작업을 최소화하여 컴파일러 개발 비용을 최소화하기 위하여 다양한 기계어들에 대한 중간적인 형태의 어셈블리어를 정의하여 중간 코드를 생성하여 중간 코드로부터 최종 목적 코드를 생성한다. 그런데 고급 언어 문장에 대해 기계적으로 생성된 중간 코드는 비효율적인 부분이 많이 있으며, 가장 효율적인 코드를 생성하기 위하여 목적 코드를 생성하기 전에 코드 최적화(code optimization) 과정이 추가된다.

컴파일러가 제작되었을 때 소프트웨어 개발자가 컴파일러를 사용하는 환경은 다음과 같다. 개발자는 윈도의 메모장, 유닉스/리눅스의 vi 등 편집기(editor)를 이용하여 원시 코드를 작성한다. 다음으로 컴파일러(유닉스/리눅스의 cc 또는 gcc, 윈도에서 Visual C/C++의 경우 cl.exe)를 이용하여 기계어 형식의 목적 코드(object code)를 생성한다. 소스 코드가 2개 이상의 파일로 작성된 것은 각 소스 파일에 대해 목적 코드를 생성한 후에 이 목적 코드들을 연결(link)하여 실행이 가능한 실행 파일(execution file)을 생성한다. 이 경우에 여러 개의 소스를 컴파일하고 링크하는 편의성을 위해 프로젝트 관리기(유닉스/리눅스의 make, Visual C/C++의 프로젝트)를 사용한다. 또한, 디버깅 편의성을 위해 디버거(debugger)를 사용하며, 빈번하게 반복 실행하는 부분에 대한 분석을 통해 통계를 제시해 주는 프로파일러(profiler)를 이용하여 소스 코드의 비효율적인 부분을 효율적인 코드를 재구성할 수 있다.

- 소프트웨어 개발 환경
  컴파일러/인터프리터, 전처리기(pre-processor), 어셈블러, 링커(linker), 로더(loader), 편집기(editor), 디버거(debugger), 프로파일러(profiler), 프로젝트 관리기(make)

컴파일러뿐만 아니라 편집기와 디버거 등 소프트웨어 개발 과정에서 필요한 여러 가지 도구들을 편리하게 사용할 수 있도록 하나의 워크벤치(work bench)로 구성할 수 있다. 윈도의 비주얼 스튜디오(Visual Studio)는 Visual C/C++과 편집기, 디버거 등 각종 도구들을 포함시켜 놓은 소프트웨어 개발 통합 환경이다.

컴파일러 제작 단계의 전단부는 자동화가 가능하다. 유닉스 환경에서는 어휘 분석기를 자동으로 제작해 주는 도구인 lex와 구문 분석기를 자동으로 제작해 주는 yacc가 제공된다. 이처럼 컴파일러를 자동으로 제작해 주는 도구를 컴파일러-컴파일러라고 한다.

- 컴파일러-컴파일러 시스템(compiler-compiler system)
  - 컴파일러 자동화 도구
  - lex(어휘분석기 생성기), yacc(파서 생성기)

고급 언어를 설계하고 컴파일러를 제작하는데 가장 핵심적인 부분인 구문 분석 단계에서는 언어의 구문 구조를 기술하기 위해 문법 이론이 필요하며, 어휘 분석기와 구문 분석기를 제작하고 그 과정을 자동화하기 위하여 오토마타(automata) 이론이 필수적이다.

○ 컴파일러 이론: 문법, 오토마타

고급 언어를 설계하고 그 언어를 기술하려면 언어를 기술하는 형식이 정의되어야 한다. 언어 기술 형식으로 사용되는 문법 이론은 촘스키(Noam Chomsky)의 분류법에 따른다. 촘스키는 문법의 유형을 4가지 계층으로 분류하였으며, 각 문법 유형으로 기술되는 언어를 무제한 언어, 문맥 의존 언어, 문맥 자유 언어, 정규 언어라고 한다. 각 문법 유형은 서로 부분 집합 관계에 있으나 제약 조건이 가장 엄격한 문법을 우선으로 한다. 즉, 정규 언어는 문맥 자유 언어에 속하지만 정규 문법으로 기술되는 언어를 문맥 자유 언어라고 지칭하지는 않는다.

○ 문법의 촘스키 분류법

- Type 0: 무제한 문법(UG: Unrestricted Grammar)
- Type 1: 문맥의존 문법(CSG: Context-Sensitive Grammar)
- Type 2: 문맥자유 문법(CFG: Context-Free Grammar)
- Type 3: 정규 문법(RG: Regular Grammar)

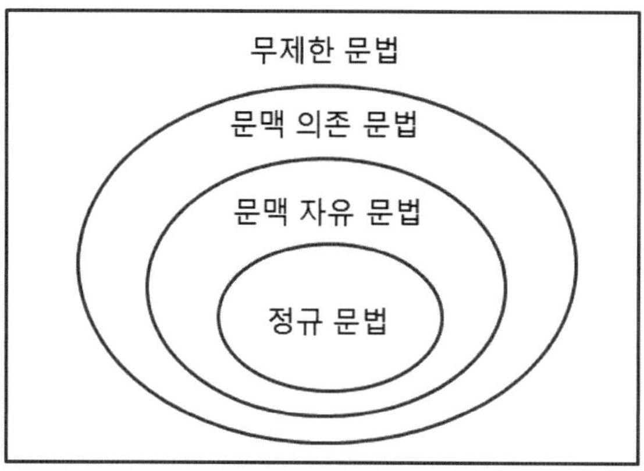

○ 언어 유형

- 무제한 언어(Recursively Enumerable Set)
- 문맥의존 언어(context-sensitive language)
- 문맥자유 언어(context-free language)
- 정규 언어(regular language)

컴퓨터의 이론적인 기반이 되는 오토마타 이론은 튜링 기계, 선형 제한 오토마타, 푸시다운 오토마타, 유한 오토마타가 있다. 이 오토마타 이론은 촘스키 분류법에 따라 분류된 문법으로 기술되는 언어를 기계적으로 구현하는 방법이다.

ㅇ 오토마타(automata)
  - 튜링 기계(TM: Turing Machine)
  - 선형 제한 오토마타(Linear Bounded Automata)
  - 푸시다운 오토마타(PDA: Pushdown Automata)
  - 유한 오토마타(FA: Finite Automata): NFA, DFA

문법	오토마타
무제한 문법	튜링 기계
문맥 의존 문법	선형 제한 오토마타
문맥 자유 문법	푸시다운 오토마타
정규 문법	유한 오토마타

컴파일러를 제작할 때는 전단부인 분석 과정에서 출현한 변수명, 함수명 등 명칭에 대한 속성 정보를 수집, 저장하여 후단부인 생성 과정에서 사용한다. 이러한 명칭들을 관리하기 위한 자료구조로 심볼 테이블과 리터럴 테이블이 필요하고, 각 단계에서 발생하는 오류들에 대해 오류 유형에 적합한 오류 메시지를 출력하기 위해 단계별로 오류 처리 방법이 추가된다.

ㅇ 기타: 컴파일러 자료구조 등
  - 심볼 테이블(symbol table), 리터럴 테이블(literal table)
  - 오류 처리(error message)

제2장 언어와 문법

언어에는 한국어, 영어와 같이 자연적으로 생성되어 온 자연 언어(natural language)와 C, Java와 같이 고급 프로그래밍 언어를 기술하기 위해 인위적으로 설계하여 특정 목적으로 사용되고 있는 인공 언어(artificial language)가 있다. 또한, 형식 언어(formal language)는 언어와 문법 이론을 설명하기 위해 사용되는 인공 언어이다. 언어를 기술하는 방법으로 사용되는 문법 이론을 설명하고, 어떤 언어가 주어졌을 때 이 언어를 기술하는 문법을 고안하는 방법을 습득하기 위해 여러 가지 유형의 언어에 대해 문법을 기술하는 예제들을 제시한다. 언어를 기술하는 문법 예제를 통해 언어가 주어졌을 때 문법을 기술하는 방법을 익히고, 문법이 주어졌을 때 이 문법이 어떤 언어를 기술하는지 파악하는 연습을 해야 한다.

2.1 문법 예제

예1과 예2의 언어들은 유한 언어로서 이 언어에 속하는 문장들의 개수가 유한 개이다. 유한 언어는 문법으로 기술할 때 모든 문장을 나열하는 형태로 기술할 수 있다.

예1) 언어 L1 = { 00, 01, 10, 11 }에 대한 문법

S → 00 | 01 | 10 | 11

예2) 언어 L2 = { a, b, aa, ab, ba, bb }에 대한 문법

S → a | b | aa | ab | ba | bb

문법은 생성규칙들의 집합이고 생성규칙을 기술하기 위해 사용하는 기호는 터미널(terminal symbol)과 논터미널(nonterminal symbol)이다. 터미널 기호는 문장을 구성하는데 사용되는 기호이며, 형식 언어에서는 주로 소문자, 숫자 등을 사용한다. 논터미널 기호는 주로 대문자로 표시하거나 "<>"안에 소문자 스트링으로 표현한다. 문법을 기술하는 형식은 화살표 왼쪽(LHS: Left Hand Side)과 오른쪽(RHS: Right Hand Side)을 LHS → RHS 형태로 기술한다. A → BCD의 의미는

"논터미널 A를 BCD로 정의한다"는 것이다. A → BC, A → DE와 같이 LHS가 A인 생성규칙을 A-생성규칙이라 하며 A-생성규칙들은 A → BC | DE와 같이 '|'를 이용하여 좀더 간략하게 정의할 수 있다. 그리고 문법을 구성하는 첫 번째 생성규칙의 RHS를 시작 기호(start symbol)라고 하며 시작 기호로부터 생성되는 문장들의 집합이 이 문법이 기술하는 언어이다. 즉, 이 문법으로 기술되는 문장들을 반드시 시작 기호로부터 생성되어야 한다.

예3, 예4는 예2의 문법을 논터미널 X를 추가하여 다시 정의한 것이다.

예3) 예2와 동일한 언어를 기술하는 문법

S → a | b | aX | bX
X → a | b

예4) 예2, 예3과 동일한 언어를 기술하는 문법

S → XY | X
X → a | b
Y → a | b

일반적으로 언어는 문장(또는 스트링)의 개수가 무한 개인 무한 언어이다. 유한 개의 생성규칙으로 무한 개의 문장을 생성하려면 생성규칙을 기술할 때 반복 규칙이 포함된다. 예5의 S → XS는 S가 반복 규칙(recursive rule)으로 정의하였는데 X뒤에 S를 접속(concatenation)하는 형태로 기술함으로써 0, 1로 구성된 스트링 앞에 0, 1이 추가됨으로써 모든 이진수 스트링을 생성할 수 있게 한 것이다.

예5) 언어 L3 = { 0, 1, 00, 01, 10, 11, 000, 001, ... }

S → XS | 0 | 1
X → 0 | 1

예6은 잘못 기술된 문법의 예를 보이고 있다. 문법의 목적이 터미널 스트링 집합을 기술한 것인데 예6은 터미널 스트링을 생성하지 못하기 때문이다.

예6) 잘못된 문법의 예

S → XS
X → a | b

2.2 문법의 정의

문법의 구성 요소는 터미널, 논터미널, 생성규칙, 시작 기호이며 그 예는 아래와 같다.

ㅇ 문법의 구성 요소
- 터미널(terminal) 집합: { a, b }
- 논터미널(non-terminal) 집합: { S, X, Y }
- 생성 규칙(production rule) 집합: { S → XY|X, X → a|b, Y → a|b }
- 시작 기호(start symbol) : S

문법의 가장 단순한 유형인 정규 문법은 LHS가 논터미널 1개이고 RHS는 논터미널이 1개 이하인 문법으로써 모든 생성규칙의 RHS에는 논터미널이 있을 경우 항상 우측 끝(혹은 좌측 끝)에 와야 한다.

ㅇ 정규 문법(RG)
- 모든 생성규칙의 LHS(Left-Hand Side)는 논터미널 1개
- 모든 생성규칙의 RHS(Right-Hand Side)는 터미널 스트링으로만 구성되거나 논터미널 1개가 오른쪽(혹은 왼쪽) 끝에 올 수 있음

정규 문법에는 RHS의 논터미널 위치에 따라 우선형 문법과 좌선형 문법이 있다. $t_s = t_1t_2,...t_n$, $n \geq 0$인 터미널 스트링에 대해 우선형 문법과 좌선형 문법을 각각 아래와 같이 정의한다.

- 우선형 문법(Right-Linear Grammar)
  $A \rightarrow t_sB$
  $A \rightarrow t_s$

- 좌선형 문법(Left-Linear Grammar)
  $A \rightarrow Bt_s$
  $A \rightarrow t_s$

정규 문법의 정의에 따라 예1, 예2, 예3은 모두 정규 문법이다. 그러나 예4와 예5는 정규 문법을 기술하는 방식을 따르지 않았으므로 정규 문법이 아니다. 예4는 예2, 예3과 동일한 언어를 기술하는 문법이지만 예2와 예3은 정규 문법의 정의에 따라 기술하였고 예4는 그렇지 않았다.

예 5의 문법 $S \rightarrow XS \mid 0 \mid 1$, $X \rightarrow 0 \mid 1$ 을 아래와 같이 정규 문법 요건에 맞춰 다시 기술할 수 있다.

$$S \rightarrow 0S \mid 1S \mid 0 \mid 1$$

정규 문법의 정의에서 터미널 스트링을 터미널 1개로 제한하여 아래와 같이 단순화된 형태로 정의할 수 있다.

○ 정규 문법의 정의를 단순화
　$A \rightarrow aB \mid b$

터미널 스트링이 포함된 생성규칙 $A \rightarrow t_1t_2,\ldots t_nB$ 은 아래와 같이 터미널 1개로 단순화시킨 형태로 변환함으로써 새롭게 정의된 정규 문법으로 자동 변환이 가능하다.

$$A \rightarrow t_1A^1$$
$$A^1 \rightarrow t_2A^2$$
$$A^2 \rightarrow t_3A^3$$
$$A^{n-1} \rightarrow t_nB$$

문맥 자유 문법은 생성규칙의 LHS만 논터미널 1개로 제약하고 RHS는 제약이 없이 터미널과 논터미널 스트링으로 정의된다.

○ 문맥 자유 문법(CFG)의 정의
　모든 생성규칙이 $A \rightarrow \alpha$ 유형
　(α는 터미널 또는 논터미널로 구성된 스트링, $|\alpha| \geq 0$)

문맥 의존 문법은 생성규칙의 LHS를 논터미널 1개로 제약하지 않고 터미널과 논터미널 스트링으로 확장한 것이다. 다만, RHS의 길이가 LHS보다 길거나 같아야 한다는 제약이 있다.

ㅇ 문맥 의존 문법(CSG)의 정의
모든 생성규칙이 $\alpha \rightarrow \beta$ 유형이고, $|\alpha| \leq |\beta|$
(α, β는 터미널 또는 논터미널로 구성된 스트링, $|\alpha| \geq 1$)

무제한 문법은 RHS의 길이가 LHS보다 작으면 안된다는 제약을 없앤 것이다.

ㅇ 무제한 문법(UG)
모든 생성규칙이 $\alpha \rightarrow \beta$ 유형
(α, β는 터미널 또는 논터미널로 구성된 스트링, $|\alpha| \geq 1$)

2.3 문법 기술 방법

문법의 기술 방법은 유한 언어를 기술할 때는 순환 규칙(recursive rule)이 사용되지 않지만, 무한 언어를 기술할 때는 반드시 순환 규칙이 사용되어야 하는 특징이 있다.

ㅇ 문법의 기술 방법

- 유한 언어: 스트링 개수가 유한 개
  모든 스트링을 나열하는 방법으로 기술 가능

- 무한 언어: 스트링 개수가 무한 개
  모든 스트링을 나열할 수 없음.
  순환 규칙(recursive rule)으로 기술해야 함

주어진 언어에 대해 정확한 문법을 기술하였는지를 판단하려면 그 문법의 건전성(soundness)와 완전성(completeness)를 확인하여야 한다. 건전성은 문법이 해당 언어에 속하는 스트링들만 생성해야 한다는 조건이다. 즉, 해당 언어에 속하지 않는 스트링을 한 개라도 생성한다면 그 문법은 잘못 기술된 것이다. 완전성이란 그 언어에 속하는 모든 스트링을 생성해야 한다는 것이다. 즉, 언어에 속하는 스트링을 한 개라도 생성하지 못하는 것이 있으면 이 문법은 잘못 기술된 것이다.

ㅇ 문법 기술할 때 주의 사항: sound & complete

- 완전성(completeness)
  언어에 속하는 **모든 스트링을 생성**할 수 있어야 함

즉, 1개라도 생성하지 못하는 스트링이 있으면 안됨

- 건전성(soundness)
  언어에 속하는 스트링만 생성해야 함
  즉, 언어에 속하지 않은 스트링을 1개라도 생성할 수 있으면 안됨

무한 언어를 기술할 때 사용되는 순환 규칙은 아래와 같은 유형들이 있다.

○ 순환 규칙 예
- 우순환 규칙(right recursive rule)
  $A \rightarrow aA \mid b$

  $a^*b = \{ b, a^1b, a^2b, ..., a^nb, ... \}$

- 좌순환 규칙(left recursive rule)
  $A \rightarrow Aa \mid b$

  $ba^* = \{ b, ba^1, ba^2, ..., ba^n, ... \}$

a^*를 기술하는 문법은 아래와 같이 우순환 및 좌순환 규칙이 가능하다.

$A \rightarrow aA \mid \varepsilon$
$A \rightarrow Aa \mid \varepsilon$

예7) 언어 $L_4 = \{ a^nb^n \mid n \geq 1 \}$ 에 대한 문맥 자유 문법을 기술해 보자.
$A \rightarrow aAb \mid ab$

예8) $L_5 = \{ a^lb^mc^n \mid l, m, n \geq 1 \}$ 에 대한 정규 문법은 무엇인가?

예9) $L_6 = \{ a^lb^mc^n \mid l, m, n \geq 0 \}$ 에 대한 정규 문법은 무엇인가?

예10) 덧셈 언어 $L_5 = \{ a, a+a, a+a+a, ... \}$ 을 기술하는 문법은 아래와 같이 기술된다. 우순환 규칙을 좌순환 규칙으로 기술했을 때 차이점은 무엇인가?

$A \rightarrow a+A \mid a$

예11) 문장 언어 L_6 = { s;, s;s;, ... }을 기술하는 문법은 다음과 같다. 우순환 규칙을 좌순환 규칙으로 기술했을 때 차이점은 무엇인가?

A → s;A | s;

예12) 괄호 언어는 여는 괄호와 닫는 괄호가 매치되는 언어이다. 괄호 언어를 기술하는 문법을 기술해 보면 다음과 같다.

L_7 = { (a), ((a)), ..., (a)(a), (a)((a)), ..., ((a)), ((a))(a), ... }

A → AA | (A) | (a)

예13) 사칙연산 수식을 기술하는 문법은 아래와 같이 기술될 수 있다. a+a*a를 유도하는 방법은 유일하지 않다. 어떤 방법들이 가능한가?

E → E + E | E − E | E * E | E / E | (E) | a

예14) C 언어의 복문 { s; s; ...; s; }을 기술하는 문법은 아래와 같이 기술될 수 있다. 이 언어를 정규 문법으로 기술할 수 있는가?

B → { A }
A → s;A | s;

예15) 중첩된 if문을 기술하는 문법을 기술해 보자. 조건식을 e, 문장을 s라고 할 때 아래와 같이 기술될 수 있다.

C → if (e) S | if (e) S else S
S → C | B | s;

주어진 문법의 생성규칙들을 적용하여 이 문법으로 기술되어 언어에 속하는 터미널 스트링을 생성할 수 있다. 터미널 스트링은 문법의 시작 기호(start symbol)로부터 시작하여 생성규칙을 적용하여 최종적으로 터미널 스트링을 생성하는 것은 유도(derivation)라고 한다. 예를 들어, 아래 문법으로부터 스트링 aaab를 생성하는 과정은 다음과 같다.

$A \rightarrow aA \mid b$

$A \Rightarrow aA \Rightarrow aaA \Rightarrow aaaA \Rightarrow aaab$

각 생성 과정은 이중 화살표로 표기한다. 유도 과정에서 생성되는 문장 형태의 스트링 aaA, aaaA 등을 문장 형태(sentential form)이라고 한다.

아래 각 문법들이 기술하는 언어는 무엇인지, 어떤 유형의 스트링 패턴을 기술하는지 설명하시오.

$G_1 = (\ \{O, E\},\ \{a, b\},\ P,\ O\ )$
P: $O \rightarrow a \mid bE$
$E \rightarrow aO$

$G_2 = (\{S, A, B, C\},\ \{a, b, c, d\},\ P,\ S)$,
P: $S \rightarrow aA$
$A \rightarrow aA \mid bB$
$B \rightarrow bB \mid cC$
$C \rightarrow cC \mid d$

$G_3 = (\{S, A\},\ \{a, b, c\},\ P,\ S)$,
P: $S \rightarrow bA \mid c$
$A \rightarrow aA \mid b$

$G_4 = (\{S, A\},\ \{a, b, c\},\ P,\ S)$,
P: $S \rightarrow aSbA \mid c$
$A \rightarrow aAa \mid b$

$G_5 = (\{S, A\},\ \{a, b\},\ P,\ S)$,
P: $S \rightarrow aAb$
$A \rightarrow aS$
$A \rightarrow b$

형식 언어 이론을 학습하는데 주로 사용되는 언어들은 다음과 같다.

$L = \{a^m b^n \mid n \geq 0\}$ -> RG

$L_m = \{a^n b^n \mid n \geq 0\}$ -> CFG

$L_{dm} = \{a^n b^n c^n \mid n \geq 0\}$ -> CSG

$L_{mi} = \{\omega \omega^R \mid \omega \in V_T^*\}$ -> 거울 언어(mirror language)

$L_r = \{\omega \mid \omega = \omega^R\}$ -> 회문 언어(palindrome)

$L_p = \{\omega \mid \omega$는 balanced parenthesis로 구성$\}$ -> 괄호 언어

제3장 정규식과 유한자동

3.1 정규식(Regular Expression)

정규 문법은 아래와 같이 우선형 또는 좌선형 문법으로 기술된다.

- 우선형 문법
  $A \rightarrow aA \mid a$

- 좌선형 문법
  $A \rightarrow Aa \mid a$

정규 문법에서 시작 기호에 대한 생성규칙에 $S \rightarrow \varepsilon$ 이 있는 경우에 S는 타 생성규칙의 RHS에 나타나지 않아야 한다. 즉, 정규 문법으로 스트링을 유도하는 과정에서 각 sentential form들의 길이가 줄어들면 안된다. 다만, 그 언어에 ε이 포함되어 있으면 ε은 시작 기호로부터 직접 생성될 수 있게 한 것이다.

아래 문법은 정규 문법이 아니고, CFG이다.

$A \rightarrow aA \mid Bb \mid c$

아래 L_{mn}은 정규 언어이고, L_{nn}는 정규 언어가 아니다.

$L_{mn} = \{a^m b^n \mid m,n \geq 1\}$
$L_{nn} = \{a^n b^n \mid n \geq 1\}$

정규식(Regular Expression)은 특정 스트링 유형(string pattern)을 기술하는 표현 방식으로 그 예는 아래와 같다.

$(0+1)^*$ -- 0 또는 1로 이루어진 스트링 유형
$(ba)^*a$ -- ba가 0번 이상 반복된 후에 a로 끝나는 스트링 유형

정규식에 사용되는 메타 문자는 다음과 같다.

+ -- 또는
· -- 스트링 결합(string concatenation)
( ) -- 우선 순위를 지정하는 괄호 연산자
* (윗첨자, Kleene closure) -- 0번 이상 반복
$^+$ (윗첨자, dagger) -- 1번 이상 반복

변수명, 함수명 등 식별자(identifier)에 대한 정규식은 아래와 같이 기술된다.

<letter>(<letter>+<digit>)*

식별자에 대한 BNF는 아래와 같이 기술될 수 있다. 그러나 이 문법은 정규 문법이 아니다. 식별자를 기술하는 정규 문법은 어떻게 기술할 수 있는가?

<id> ::= <letter> | <id><ld>
<ld> ::= <letter> | <digit>
<letter> ::= a | b | ... | z
<digit> ::= 0 | 1 | ... | 9

○ 정수, 실수, 주석(comment)에 대한 정규식은 무엇인가?

○ 정규식의 등가성(equality)
정규식 형태가 다르더라도 정규식으로 표현되는 스트링 집합이 동일하면 동일한 언어에 대한 정규식이다.

$aa^* \equiv a^*a$
$(ab)^*a \equiv a(ba)^*$

○ $(ab)^*a$ 과 $a(ba)^*$ 에 대한 정규 문법은 무엇인가?

3.2 정규 문법에서 정규식 계산 방법

정규 문법으로 기술되는 정규 언어는 정규 문법으로부터 정규식을 구할 수 있다. 그러나 CFG 등 정규 언어가 아닌 언어는 정규식으로 기술할 수 없다. 유한 언어의 정규식은 모든 스트링을 나열하는 형태로 기술되며, 그 예는 다음과 같다.

$S \rightarrow a \mid b \mid aX \mid bX$
$X \rightarrow a \mid b$

X = a + b 을 S에 대입
$S = a + b + aX + bX$
$\quad = a + b + a(a+b) + b(a+b)$
$\quad = a + b + aa + ab + ba + bb$

무한 언어의 정규식은 반복되는 부분을 *(0번 이상 반복) 또는 +(1번 이상 반복) 형태로 구해야 한다. 우순환 규칙(right recursive rule)에 대한 정규식을 구하는 방법은 다음과 같다.

$X \rightarrow \alpha X \mid \beta$

$X \Rightarrow \alpha X \Rightarrow \alpha\alpha X \Rightarrow \ldots \Rightarrow \alpha\alpha\alpha\ldots\alpha X$ 이므로 아래와 같이 계산된다.

$X = \alpha^{*}\beta$

위 우순환 규칙에 대한 정규식 구하는 방법을 이용하여 아래 무한 언어에 대한 정규식을 구해 보자.

$S \rightarrow 0S \mid 1S \mid 0 \mid 1$

$S = (0+1)S + (0+1)$ 이므로 $S = (0+1)^{*}(0+1) = (0+1)^{+}$ 이다.

○ 아래 정규 문법 G_1에 대한 정규식은 무엇인가?

$$G_1 = (\{O, E\}, \{a\}, P, O)$$
$$P: O \rightarrow a \mid bE$$
$$E \rightarrow aO$$

$O = a + bE = a + baO$ 이므로 $O = (ba)^*a$ 이다.

아래 정규 문법 G_2에 대한 정규식을 구해 보자.

$$G_2 = (\{S, A, B, C\}, \{a, b, c, d\}, P, S),$$
$$P: S \rightarrow aA$$
$$A \rightarrow aA \mid bB$$
$$B \rightarrow bB \mid cC$$
$$C \rightarrow cC \mid d$$

$C = cC + d$ 로부터 $C = c^*d$

$B = bB + cC$

$\quad = bB + cc^*d$

$\quad = bB + c^+d$

$B = b^*c^+d$

$A = aA + bB$

$\quad = aA + bb^*c^+d$

$\quad = aA + b^+c^+d$

$A = a^*b^+c^+d$

$S = aA = aa^*b^+c^+d = a^+b^+c^+d$

3.3 유한 오토마타(Finite Automata)

유한 오토마타를 기술하는 방법은 다음과 같다.

- 상태(state 또는 node)와 레이블 있는 지시선(labelled arc)으로 구성
- 시작 상태(start state)는 시작 지시선으로 표시
- 끝 상태(final state)는 1개 이상이며 이중 원(double circle)으로 표시

정규식 $a^{*}b$ 에 대한 유한 오토마타를 구성한 예는 다음과 같다.

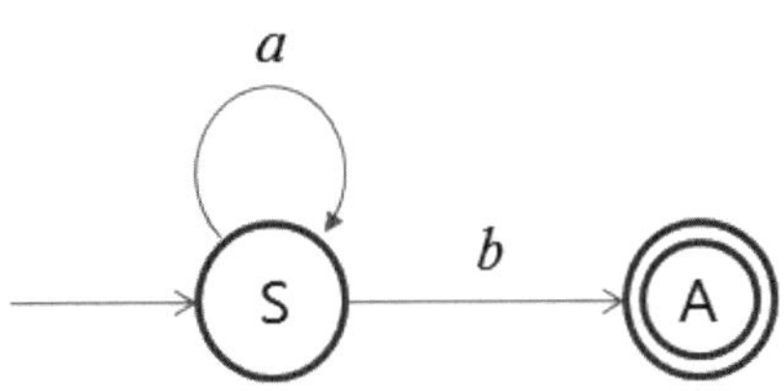

정규식 $a^{+}b^{+}c^{+}d$ 에 대한 유한 오토마타를 구성한 예는 다음과 같다.

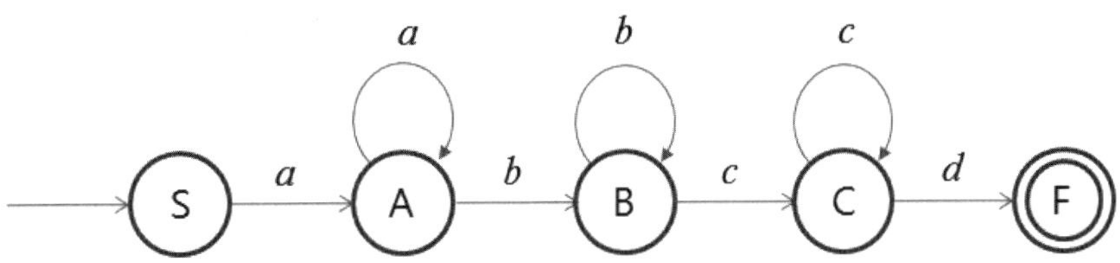

δ	a	b	c	d
S	A			
A	A	B		
B		B	C	
C			C	F
F				

명칭에 대한 식별자를 기술하는 유한 오토마타는 아래와 같다.

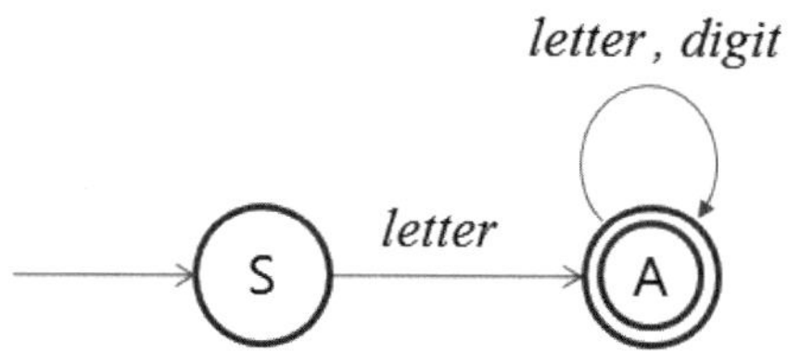

아래 상태전이도(state transition diagram)로 기술된 유한 오토마타는 어떤 정규 언어를 인식하는가?

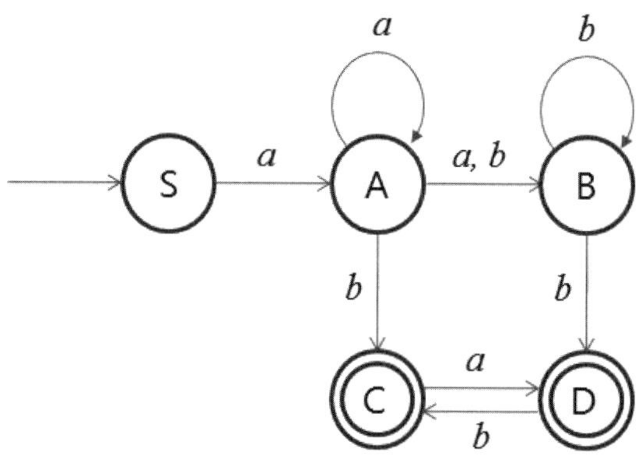

위 상태전이도에 대한 상태전이표(state transition table)는 다음과 같다.

δ	*a*	*b*
S	*{A}*	
A	*{A,B}*	*{B,C}*
B		*{B,D}*
C	*{D}*	
D		*{C}*

유한 오토마타의 구성 요소와 그 예는 다음과 같다.

- state 집합: {S, A, B, C, D}
- 입력 심볼 집합: {a, b}
- 전이 함수(mapping function)
- start state: S
- final state 집합: {C, D}

결정적 유한 오토마타(DFA: Deterministic Finite Automata)는 유한 오토마타 중에서 모든 state에서 입력 심볼에 대해 next state가 항상 유일하게 결정되는 오토마타이다. 이에 비해, 입력 심볼에 대해 next state가 1개로 결정되지 않는 오토마타를 비결정적 유한 오토마타(NFA: Non-deterministic Finite Automata)라고 한다.

$$A \rightarrow aA \mid aB$$

DFA와 NFA의 차이점은 다음과 같다.

- DFA는 next state가 항상 유일하게 결정되므로 백트래킹(back tracking) 없이 O(n) 시간에 해당 언어를 인식하는 프로그램을 쉽게 구현 가능하다.

- NFA는 next state가 유일하게 결정되지 않는 경우가 발생하므로 언어 인식 프로그램 구현하기가 어렵다.

3.4 NFA를 DFA로 변환

NFA를 DFA로 변환하는 방법은 next state가 2개 이상인 state 집합을 새로운 1개의 state로 다시 정의하는 것이다. 예를 들어, 아래 상태전이표에서 next state {A,B}, {B,C}, {B,D}를 각각 하나의 state [A,B], [B,C, [B,D]와 같이 표현한다. 새로 추가된 state에 대한 next state가 2개 이상의 state 집합이면 동일한 방법으로 한 state로 통합한다. DFA로 변환된 오토마타의 최종 상태 집합은 원래 NFA의 최종 상태가 1개라도 포함된 모든 state들을 모두 최종 상태 집합으로 한다.

○ 변환 예

NFA:

δ	*a*	*b*
S	*{A}*	
A	*{A,B}*	*{B,C}*
B		*{B,D}*
C	*{D}*	
D		*{C}*

Final states = { C, D }

DFA:

δ	*a*	*b*
[S]	*[A]*	
[A]	*[A,B]*	*[B,C]*
[A,B]	*[A,B]*	*[B,C,D]*
[B,C]	*[D]*	*[B,D]*
[B,C,D]	*[D]*	*[B,C,D]*
[D]		*[C]*
[B,D]		*[B,C,D]*
[C]	*[D]*	

Final states = { [B,C], [B,C,D], [D], [B,D], [C] }

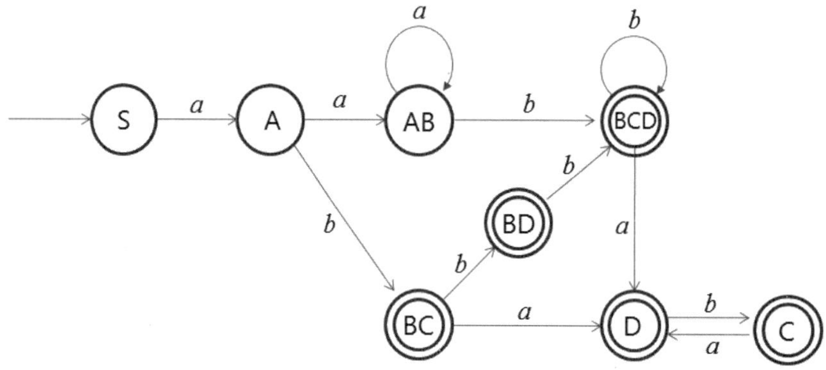

3.5 유한 오토마타를 정규 문법으로 기술

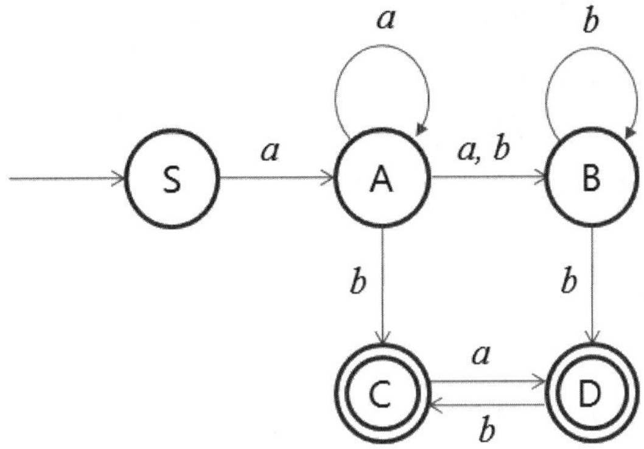

유한 오토마타로부터 정규 문법을 구하는 방법은 다음과 같다. 각 arc들에 대해 생성규칙이 만들어진다. 생성규칙은 현재 상태가 LHS가 되고, RHS는 (터미널)(다음 상태 논터미널) 형태의 우순환 규칙으로 기술된다. 각 최종 상태들에 대해서는 ε-생성규칙을 추가한다.

S → aA
A → aA | aB | bB | bC
B → bB | bD
C → aD | ε
D → bC | ε

아래 오토마타에 대한 정규 문법을 구하면 다음과 같다.

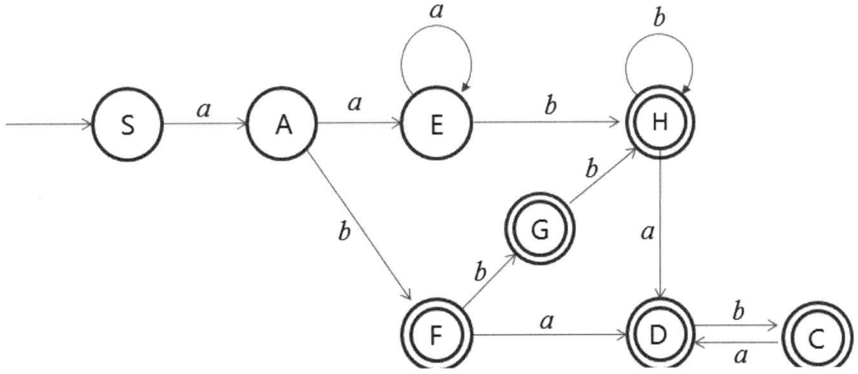

S → aA
A → aE | bF
C → aD | ε
D → bC | ε
E → aE | bH
F → bG | aD | ε
G → bH | ε
H → aD | bH | ε

○ NFA를 DFA로 변환할 때 주의할 점
NFA의 final state를 1개라도 포함하고 있는 DFA의 모든 state는 final state가 된다.

○ 유한 오토마타를 정규 문법으로 기술할 때 주의할 점
모든 final state들에 대해 ε-생성규칙을 추가한다.

○ 정규 문법을 유한 오토마타로 구성하는 방법은 무엇인가?

○ DFA로 변환하기 전후의 정규 문법들에 대해 정규식을 구하고, NFA와 DFA가 동일한 언어를 기술하는지 비교해 보시오.

○ 일반적으로 NFA를 DFA로 변환하면 state 개수가 증가한다. NFA의 state 개수가 n일 때 DFA의 최대 state 개수는 몇 개인가?

3.6 ε-NFA를 DFA로 변환

ε-NFA를 DFA로 변환하는 방법은 다음과 같다.

- NFA를 DFA로 변환하는 방법과 동일하다.
- 다만, next state를 재정의할 때 ε-transition을 고려하여 도달 가능한 모든 state 집합이 next state가 된다는 차이가 있다.
- next state 집합을 구할 때 항상 ε-CLOSURE 함수를 적용한다.

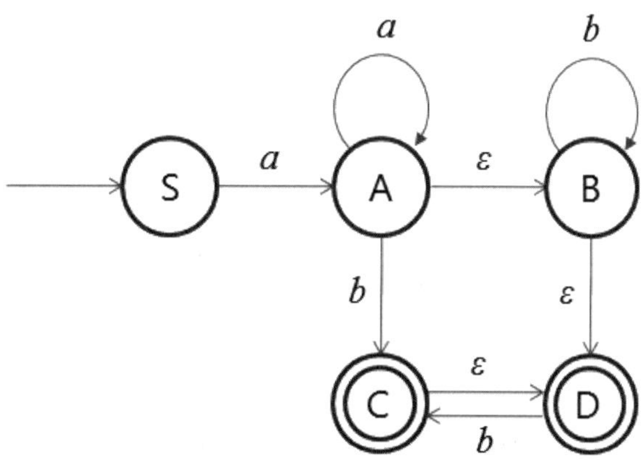

ε-CLOSURE 함수는 ε-transition으로 도달 가능한 state 집합으로 정의된다. 위 오토마타에서 ε-CLOSURE를 구한 예는 아래와 같다.

ε-CLOSURE(A) = { A, B, D }
ε-CLOSURE(B) = { B, D }
ε-CLOSURE(C) = { C, D }

DFA:

δ	*a*	*b*
[S]	*[A,B,D]*	
[A,B,D]	*[A,B,D]*	*[B,C,D]*
[B,C,D]		*[B,C,D]*

Final states = { [A,B,D], [B,C,D] }

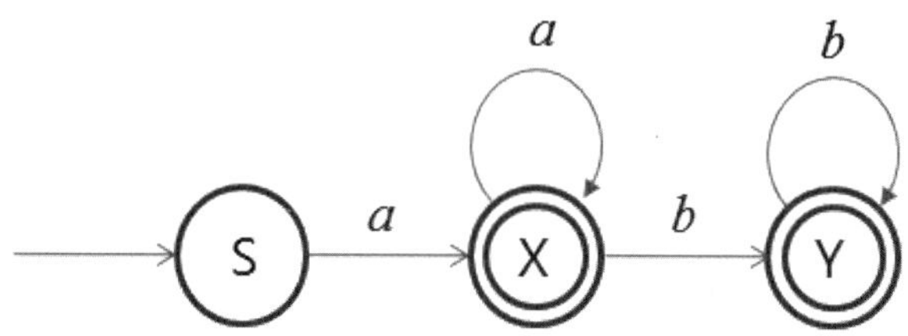

3.7 가장 효율적인 DFA로 변환

가장 효율적인 DFA는 state 개수가 가장 적은 오토마타이다.

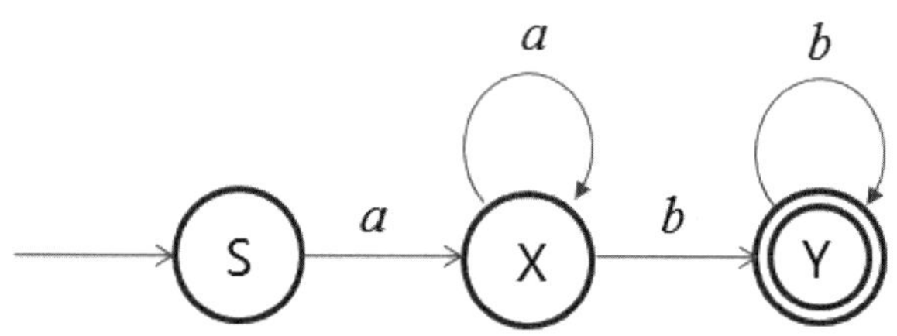

DFA의 상태수를 최소화하는 방법은 아래와 같다.

- 동일한 기능을 하는 state들이 있다면 이를 1개 state로 merge함
  임의의 2개 state가 동일한 기능을 하는지 판단하기 어려움.
- 모든 state들을 final state 집합과 non-final state 집합으로 merge한 후에 원래 DFA와 동일한 기능인지 확인
- 원래 DFA와 동일하지 않으면 문제가 되는 state들끼리 state 분할

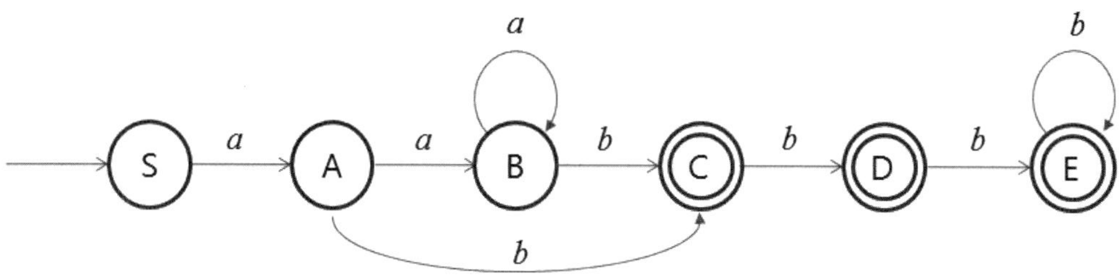

δ	*a*	*b*
S	*A*	
A	*B*	*C*
B	*B*	*C*
C		*D*
D		*E*
E		*E*

Final states = { C, D, E }

단계-1. non-final state 집합과 final state 집합으로 merge했을 때 next state가 DFA를 유지하는지 확인한다.

δ	*1: {S, A, B}*	*2: {C, D, E}*
a	*1 1 1*	*Φ Φ Φ*
b	*Φ 2 2*	*2 2 2*

단계-2. DFA를 유지할 수 없는 문제를 발생하는 state들을 분할하여 DFA를 유지하는지 확인하는 작업을 더 이상 state 분할이 일어나지 않을 때까지 반복한다.

δ	*1: {S}*	*2: {A, B}*	*3: {C, D, E}*
a	*2*	*2 2*	*Φ Φ Φ*
b	*Φ*	*3 3*	*3 3 3*

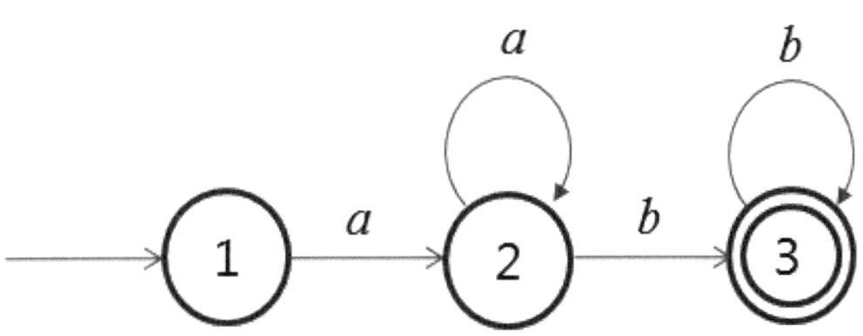

3.8 정규식으로부터 유한 오토마타 구성

정규식으로부터 유한 오토마타를 구하는 방법은 다음과 같다. 정규식에서 사용된 각 터미널 a와 ε에 대해 오토마타를 구성한다. 정규식에 사용되는 '+', '·', '*'에 대해 그 의미에 따라 오토마타를 구성한다.

○ a-transition, ε-transition을 인식하는 유한 오토마타

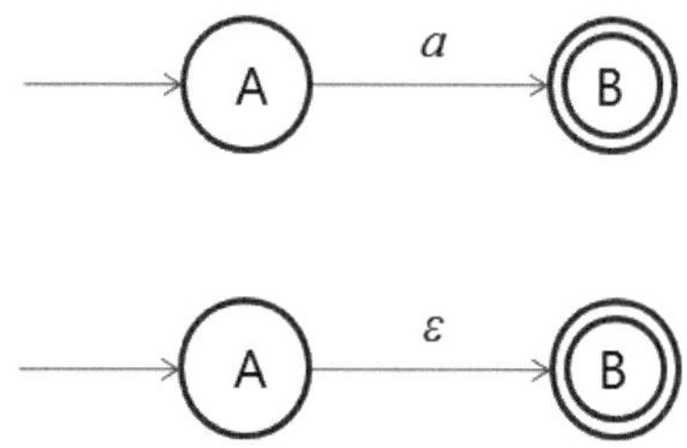

○ 정규식 E_1 + E_2를 인식하는 유한 오토마타

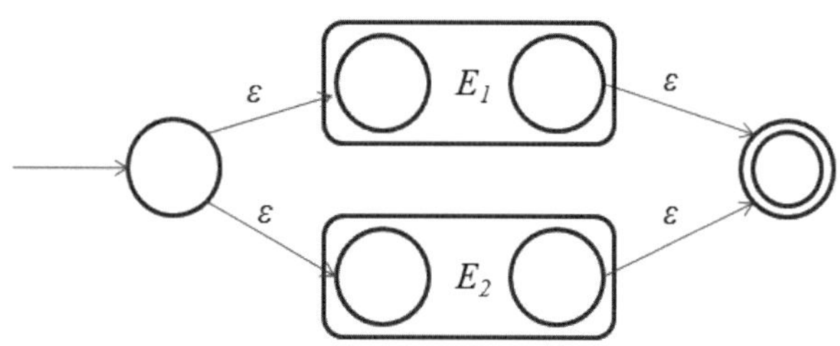

○ 정규식 $E_1 \cdot E_2$를 인식하는 유한 오토마타

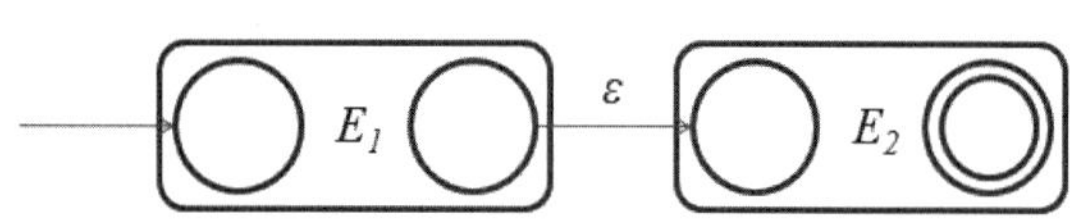

○ 정규식 E^*를 인식하는 유한 오토마타

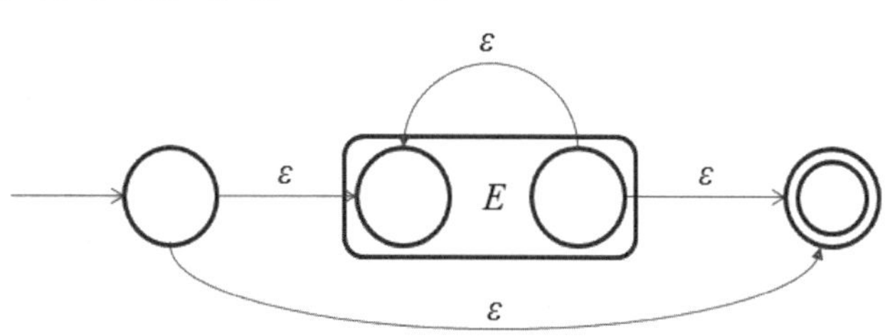

○ $(a+b)^*a$에 대한 유한 오토마타와 상태전이표

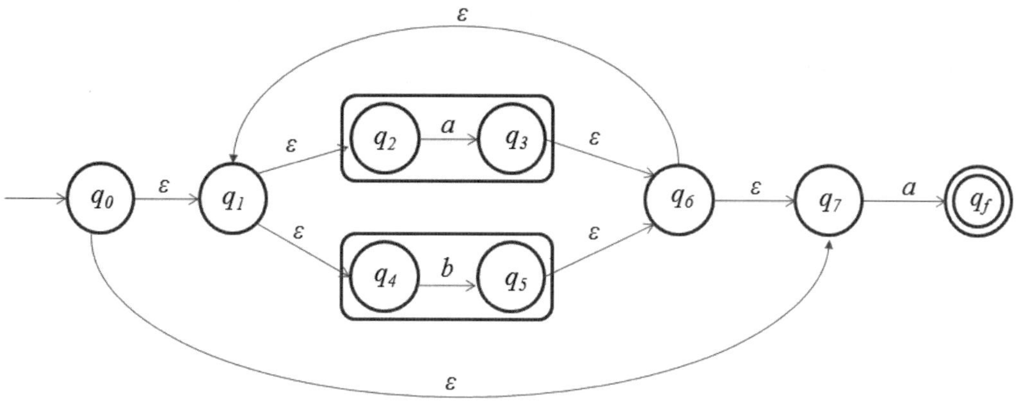

$q_0 \rightarrow q_1$

$q_1 \rightarrow q_2 \mid q_4$

$q_2 \rightarrow aq_3$

$q_3 \rightarrow q_6$

$q_4 \rightarrow bq_5$

$q_5 \rightarrow q_6$

$q_6 \rightarrow q_1 \mid q_7$

$q_7 \rightarrow aq_f$

$q_f \rightarrow \varepsilon$

ε-CLOSURE(q_0) = { q_0, q_1, q_2, q_4, q_7 }

ε-CLOSURE(q_1) = { q_1, q_2, q_4 }

ε-CLOSURE(q_3) = { q_1, q_2, q_3, q_4, q_6, q_7 }

ε-CLOSURE(q_5) = { q_1, q_2, q_4, q_5, q_6, q_7 }

ε-CLOSURE(q_6) = { q_1, q_2, q_4, q_6, q_7 }

δ	*a*	*b*
$[q_0, q_1, q_2, q_4, q_7]$	$[q_1, q_2, q_3, q_4, q_6, q_7, q_f]$	$[q_1, q_2, q_4, q_5, q_6, q_7]$
$[q_1, q_2, q_3, q_4, q_6, q_7, q_f]$	…	…
$[q_1, q_2, q_4, q_5, q_6, q_7]$	…	…
…		
…		

○ 아래 정규식에 대해 유한 오토마타 구성해 보자.

$(aa^{*}bb^{*})^{*}(aa+bb)$

$ab(aa+bb)^{*}a$

$a+b$, ab, a^{*}에 대한 유한 오토마타

정규식에 사용되는 '+', '·', '*'에 대한 오토마타를 구성할 때 $a+b$, ab, a^{*} 와 같이 피연산자가 터미널 기호이면 오토마타를 기술하는 방법을 변형하여 아래와 같이 오토마타를 구성할 수 있다. 이와 같이, 불필요한 ε의 사용을 최소화하여 간소화시킨 오토마타를 구성하는 것이 바람직하다.

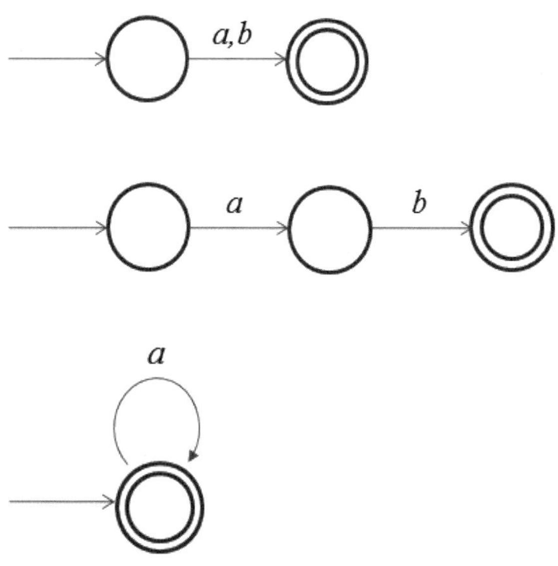

$(a+b)^*a$에 대한 간소화된 유한 오토마타를 구하면 아래와 같다.

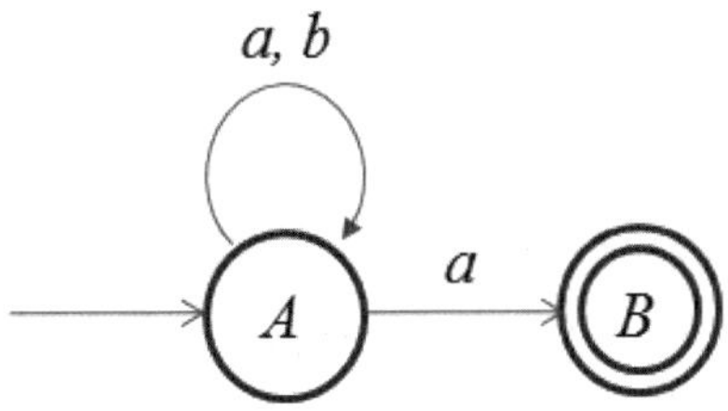

이 오토마타로부터 정규 문법을 구하면 다음과 같다.

$$A \rightarrow aA \mid bA \mid aB$$
$$B \rightarrow \varepsilon$$

이 NFA를 DFA로 변환했을 때 상태전이표와 상태전이도는 아래와 같다.

δ	*a*	*b*
[A]	[A,B]	[A]
[A,B]	[A,B]	[A]

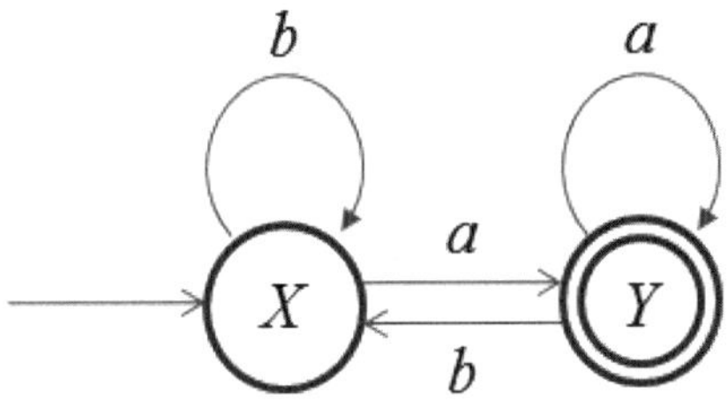

어떤 언어가 정규 언어가 아님을 증명하기 위해 정규 언어에 대한 Pumping Lemma를 이용한다. 이 원리는 정규 언어의 속성을 표현한 것이다.

○ 정규언어의 속성: Pumping Lemma

유한 오토마타(상태수가 유한 개)로 상태수보다 긴 스트링을 인식하려면 반복되는 부분이 있어야 한다. 길이가 상태수보다 긴 스트링 $\omega = \alpha\beta\gamma$의 반복되는 부분을 β라 하면 $\alpha\beta^*\gamma$도 이 오토마타로 인식할 수 있다.

제4장 CFG와 구문 분석

문맥 자유 문법으로 기술된 생성규칙을 적용하여 입력 스트링을 분석하는 것을 구문 분석(syntactic analysis) 또는 파싱(parsing)이라고 한다.

4.1 좌단 유도와 우단 유도

○ 유도(derivation)
주어진 문법으로부터 어떤 입력 스트링을 생성하려면 생성규칙을 적용하게 된다. 문법의 시작 기호에서 시작하여 생성규칙을 적용하여 입력 스트링을 생성하는 과정을 유도라고 한다.

예 4.1) CFG로부터 a + a * a 를 유도하는 과정

1. $E \rightarrow E + E$
2. $E \rightarrow E * E$
3. $E \rightarrow a$

$E \Rightarrow E + E$ (1번 생성규칙 적용)
$\Rightarrow a + E$ (3번 생성규칙 적용)
$\Rightarrow a + E * E$ (2번 생성규칙 적용)
$\Rightarrow a + a * E$ (3번 생성규칙 적용)
$\Rightarrow a + a * a$ (3번 생성규칙 적용)

위 예에서는 1, 3, 2, 3, 3번 생성규칙을 순서대로 적용하여 a+a*a를 생성하였다.

○ 논터미널에 생성규칙을 적용하는 기준
유도 과정에서 생성되는 문장 형태(sentential form)는 2개 이상의 논터미널을 포함하는 경우가 많다. 이 경우에 어떤 논터미널에 대해 우선적으로 생성규칙을 적용할 것인지를 결정해야 한다.

○ 좌단 유도와 우단 유도

예 4.1의 유도 과정에서는 각 문장 형태에 대해 항상 가장 왼쪽 끝에 있는 논터미널에 대해 생성규칙을 적용하였으며 이를 좌단 유도(leftmost derivation)라고 한다. 이에 비해 아래 유도 과정에서는 항상 가장 오른쪽 끝에 있는 논터미널에 대해 생성규칙을 적용하였는데 이를 우단 유도(rightmost derivation)라고 한다.

$E \Rightarrow E + E$	(1번 생성규칙 적용)
$\Rightarrow E + E * E$	(2번 생성규칙 적용)
$\Rightarrow E + E * a$	(3번 생성규칙 적용)
$\Rightarrow E + a * a$	(3번 생성규칙 적용)
$\Rightarrow a + a * a$	(3번 생성규칙 적용)

○ 우단 역유도

우단 유도 과정을 역순으로 하는 것을 우단 역유도라고 한다. 즉, 우단 역유도는 입력 스트링으로부터 시작하여 생성규칙을 역으로 적용하여 최종적으로 시작 기호로 끝나는 유도 과정이다. 즉, 우단 유도에서 적용된 생성규칙을 역순으로 적용한 것이다. 아래 우단 역유도 과정은 편의상 우단 유도 과정의 화살표를 역방향으로 기술하였다.

우단 역유도:

$E \Leftarrow E + E$	(1번 생성규칙 적용)
$\Leftarrow E + E * E$	(2번 생성규칙 적용)
$\Leftarrow E + E * a$	(3번 생성규칙 적용)
$\Leftarrow E + a * a$	(3번 생성규칙 적용)
$\Leftarrow a + a * a$	(3번 생성규칙 적용)

4.2 파스 트리와 모호한 문법

○ 파스 트리(parse tree)

시작 기호를 루트 노트(root node)로 하여 적용된 생성규칙을 순서대로 sub-tree 형태로 구성하면 최종적으로 단말 노드(terminal node)들이 입력 스트링을 표현하게 된다. 이 트리를 파스 트리라고 한다. 파스 트리의 내부 노드(internal node)는 논터미널 기호(문법 기호)이고 단말 노드는 터미널 기호로 구성된다.

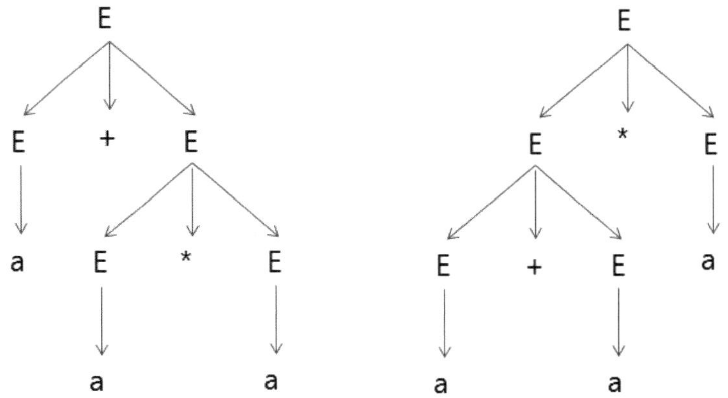

○ 문법의 모호성(ambiguity)

예 4.1 문법에 대해 좌단 유도 과정을 아래와 같이 기술할 수 있으며, 이에 대한 파스 트리는 예 4.1의 유도에 의한 파스 트리와 그 모양이 다르며, a+a*a의 계산 결과가 달라지게 된다. 이와 같이 어떤 입력 스트링에 대해 2개 이상의 다른 모양으로 유도 가능한 문법을 모호한 문법(ambiguous grammar)이라고 한다.

E ⇒ E * E	(2번 생성규칙 적용)
⇒ E + E * E	(1번 생성규칙 적용)
⇒ a + E * E	(3번 생성규칙 적용)
⇒ a + a * E	(3번 생성규칙 적용)
⇒ a + a * a	(3번 생성규칙 적용)

A → AαA 유형과 같이 LHS에 기술된 논터미널이 생성규칙의 오른쪽(RHS)에 2회 이상 사용되는 경우에 모호성이 발생한다. 모호한 문법은 입력 스트링의 의미

해석이 분명하지 않은 문제점이 있다. 따라서 모호한 문법은 잘못된 문법이며, 모호하지 않은 문법으로 다시 기술하여야 한다. 예 4.1의 문법을 모호하지 않은 문법으로 다시 기술하면 예 4.2와 같다.

예 4.2) 모호하지 않은 문법

$E \rightarrow E + F \mid F$
$F \rightarrow F * G \mid G$
$G \rightarrow a$

좌단 유도:

$E \Rightarrow E + F$	(1번 생성규칙 적용)
$\Rightarrow F + F$	(2번 생성규칙 적용)
$\Rightarrow G + F$	(4번 생성규칙 적용)
$\Rightarrow a + F$	(5번 생성규칙 적용)
$\Rightarrow a + F * G$	(3번 생성규칙 적용)
$\Rightarrow a + G * G$	(4번 생성규칙 적용)
$\Rightarrow a + a * G$	(5번 생성규칙 적용)
$\Rightarrow a + a * a$	(5번 생성규칙 적용)

우단 유도:

$E \Rightarrow E + F$	(1번 생성규칙 적용)
$\Rightarrow E + F * G$	(3번 생성규칙 적용)
$\Rightarrow E + F * a$	(5번 생성규칙 적용)
$\Rightarrow E + G * a$	(4번 생성규칙 적용)
$\Rightarrow E + a * a$	(5번 생성규칙 적용)
$\Rightarrow F + a * a$	(2번 생성규칙 적용)
$\Rightarrow G + a * a$	(4번 생성규칙 적용)
$\Rightarrow a + a * a$	(5번 생성규칙 적용)

위 좌단 유도와 우단 유도 과정은 적용된 생성규칙의 순서는 다르지만 파스 트리의 모양은 동일하다. 유도 과정에서 적용된 생성규칙의 순서와 무관하게 파스 트리의 모양이 항상 유일하게 결정되면 모호하지 않은 문법이다.

아래 파스 트리는 모호성이 해결된 문법에 의한 구문 분석 결과이다. 모호성이 해결된 문법은 파스 트리의 모호성이 해결된 장점이 있다. 그러나 모호성이 해결된 문법에 의해 생성된 파스 트리는 모호성이 해결되기 전 모호한 문법에 의한 파스 트리와 그 모양이 다르다.

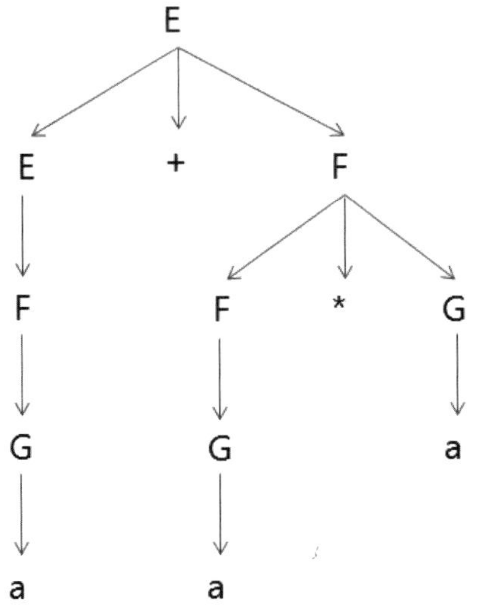

모호성을 해결하기 위하여 추가된 단일 생성 규칙으로 인해 유도 과정이 길어지고 파스 트리에서 보는 바와 같이 파스 트리의 크기도 커지게 된다. 유도 과정 단계 수가 늘어나고 파스 트리의 크기가 커짐으로 인해 파스 트리의 각 sub-tree에 대한 목적 코드를 생성하는 과정에서 불필요한 작업이 추가된다. 즉, 단일 생성 규칙이 적용된 부분은 목적 코드 생성과 무관하게 단지 모호성 해결을 위한 목적으로만 사용된 것이다.

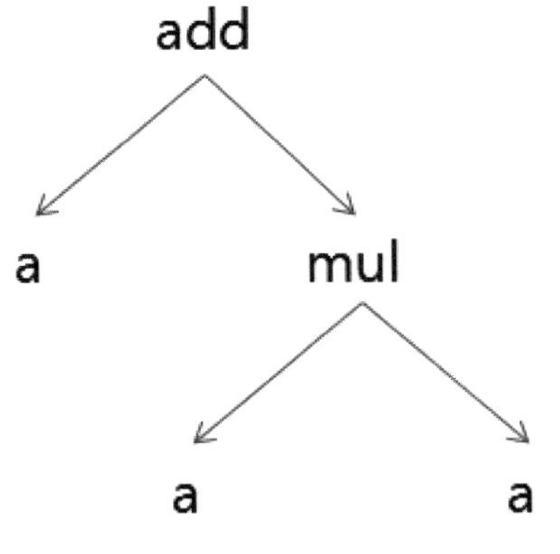

이와 같이 파스 트리를 구성할 때 파스 트리의 각 sub-tree에 대해 그 의미에 따

라 목적 코드로 생성될 필요가 없는 sub-tree는 파스 트리로 생성하지 않아도 된다. 단일 생성 규칙과 같이 목적 코드를 생성할 때 아무런 영향을 미치지 않는 불필요한 부분을 제거하고 목적 코드 생성에 필요한 요소들만 파스 트리로 구성할 수 있는데 이를 구문 트리(AST: abstract syntax tree)라고 한다. 구문 트리를 구성할 때는 생성규칙의 의미를 고려하여 sub-tree의 부모 노드로 생성되는 논터미널(생성규칙의 LHS) 대신에 이 생성규칙에 의해 생성하고자 하는 목적 코드의 명령어를 부모 노드로 생성할 수 있다.

4.3 좌단 유도에 의한 구문 분석 방법

- 시작 기호로부터 입력 스트링을 생성하는 구문 분석기를 작성하기 위하여 유도 과정에서 생성되는 문장 형태를 저장하는 스택(stack)을 사용한다.

- 좌단 유도의 특징은 시작 기호로부터 입력 스트링을 생성할 때 왼쪽 끝부터 오른쪽 방향으로 입력 스트링의 터미널들이 생성되는 것이다.

- 스택의 초기 상태(initial state)로 시작 기호를 넣는다. 스택의 top에 있는 논터미널에 대해 생성규칙을 적용하여 해당 논터미널 대신에 적용된 생성규칙의 RHS를 스택에 넣는다.

- 논터미널에 적용할 수 있는 생성규칙의 개수가 2개 이상인 경우 각 생성규칙을 순서대로 적용해 보고 최종적으로 입력 스트링을 생성하는 생성규칙으로 좌단 유도를 수행해야 한다.

- 스택의 top이 터미널 기호이면 입력 스트링과 비교하여 동일한 터미널 기호이면 pop한다. 입력 스트링의 현재 기호를 다음 기호로 이동한다.

- 입력 스트링이 모두 생성되면 스택은 empty 상태가 되고 구문 분석이 종료된다. 구문 분석 과정에서 적용된 생성규칙들을 순서대로 sub-tree를 구성하고 파스 트리를 완성하여 그 결과를 출력한다.

○ 아래 예제는 (입력 버퍼, 스택) 구조를 이용하여 좌단 유도를 수행하는 과정을 보여 준다.

(a+a*a, E)	⇒ (a+a*a, E+F)	(1번 생성규칙 적용)
	⇒ (a+a*a, F+F)	(2번 생성규칙 적용)
	⇒ (a+a*a, G+F)	(4번 생성규칙 적용)
	⇒ (a+a*a, a+F)	(5번 생성규칙 적용)
	⇒ (+a*a, +F)	pop a
	⇒ (a*a, F)	pop +
	⇒ (a*a, F*G)	(3번 생성규칙 적용)
	⇒ (a*a, G*G)	(4번 생성규칙 적용)
	⇒ (a*a, a*G)	(5번 생성규칙 적용)
	⇒ (*a, *G)	pop a
	⇒ (a, G)	pop *
	⇒ (a, a)	(5번 생성규칙 적용)
	⇒ (ε, ε)	pop a

1번 생성규칙을 적용했을 때 expand 연산에 의해 스택의 내용이 아래와 같이 변한다. 좌단 유도를 하므로 스택의 top에 논터미널인 경우 생성규칙을 적용하는 expand 연산이 되고, 스택의 top에 터미널이 생성되면 이 터미널를 입력 스트링의 현재 기호와 비교하여 이를 pop시키고 입력 버퍼도 다음 기호로 진행한다.

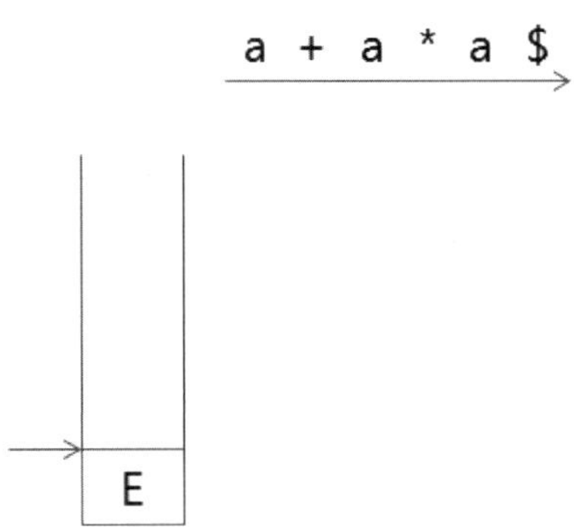

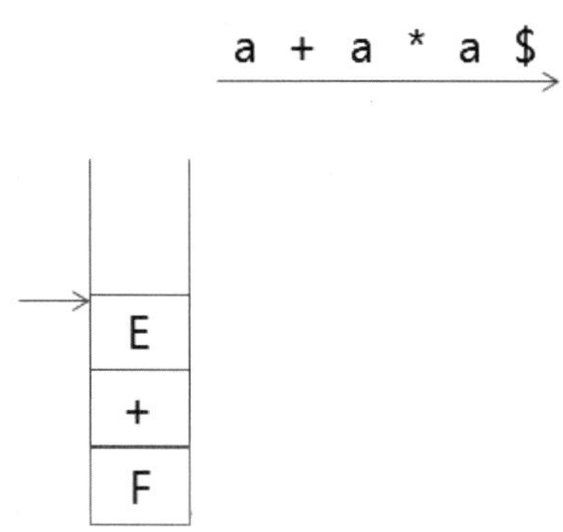

4.4 우단 역유도에 의한 구문 분석 방법

- 우단 역유도는 입력 스트링으로부터 시작 기호를 역유도하는 과정이다. 우단 역유도 과정의 초기 상태는 스택은 empty이고, 입력 버퍼에는 입력 스트링을 넣는 것이다. 파서는 입력 버퍼에 있는 터미널 기호를 하나씩 스택으로 이동시키거나, 또는 스택의 top 부분에 있는 부분 문자열(substring)이 어떤 생성 규칙의 RHS와 일치하는 것이 발견되면 RHS를 LHS로 대치시키는 작업을 반복한다.

- 입력 버퍼에 있는 터미널 기호를 하나씩 스택으로 이동시키는 것을 shift 연산이라 한다.

- 스택의 top 부분에 있는 부분 문자열을 생성규칙의 RHS와 일치시켜 일치되는 부분 문자열을 생성규칙의 LHS로 대치하는 것을 reduce 연산이라 한다.

- 스택의 top 부분이 생성규칙의 RHS와 일치되는 부분 문자열을 생성규칙의 LHS로 대치하는 과정을 반복하다가 최종적으로 스택에 시작 기호만 남고, 입력 버퍼가 empty인 상태가 되면 구문 분석을 완료한다.

- 스택의 top 부분이 생성규칙의 RHS와 일치시킬 때 생성규칙의 LHS로 대치 가능한 것이 2가지 이상인 경우 각 가능한 경우를 모두 적용해 보고 최종적으로 시작 기호로 축약(reduce)되는 과정을 찾아야 한다.

- 입력 스트링이 시작기호로 축약되면 적용된 생성규칙들을 순서대로 sub-tree를 구성하고 파스 트리를 완성하여 그 결과를 출력한다.

우단 역유도:

$E \Leftarrow E + F$ (1번 생성규칙 적용)
$\Leftarrow E + F * G$ (3번 생성규칙 적용)
$\Leftarrow E + F * a$ (5번 생성규칙 적용)
$\Leftarrow E + G * a$ (4번 생성규칙 적용)
$\Leftarrow E + a * a$ (5번 생성규칙 적용)
$\Leftarrow F + a * a$ (2번 생성규칙 적용)
$\Leftarrow G + a * a$ (4번 생성규칙 적용)
$\Leftarrow a + a * a$ (5번 생성규칙 적용)

○ 아래 예제는 (스택, 입력 버퍼) 구조를 이용하여 우단 역유도를 수행하는 과정을 보여 준다.

$(\varepsilon, a+a*a) \Rightarrow (a, +a*a)$ shift a
$\Rightarrow (G, +a*a)$ (5번 생성규칙 적용)
$\Rightarrow (F, +a*a)$ (4번 생성규칙 적용)
$\Rightarrow (E, +a*a)$ (2번 생성규칙 적용)
$\Rightarrow (E+, a*a)$ shift +
$\Rightarrow (E+a, *a)$ shift a
$\Rightarrow (E+G, *a)$ (5번 생성규칙 적용)
$\Rightarrow (E+F, *a)$ (4번 생성규칙 적용)
$\Rightarrow (E+F*, a)$ shift *
$\Rightarrow (E+F*a, \varepsilon)$ shift a
$\Rightarrow (E+F*G, \varepsilon)$ (5번 생성규칙 적용)
$\Rightarrow (E+F, \varepsilon)$ (3번 생성규칙 적용)
$\Rightarrow (E, \varepsilon)$ (1번 생성규칙 적용)

아래 그림은 "shift a"에 의한 스택과 입력 버퍼의 내용이 어떻게 변하는지를 보여주고 있다. 최종적으로, 파싱이 성공적으로 끝나면 스택에는 시작기호만 남고 입력 버퍼는 empty 상태가 될 것이다.

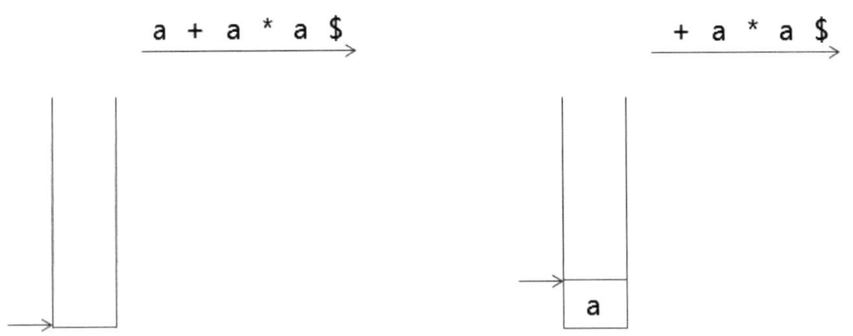

4.5 상향식 파싱과 하향식 파싱

○ 하향식 파싱

좌단 유도에 의한 구문 분석은 생성규칙이 루트 노트인 시작 기호로부터 적용되기 때문에 파스 트리를 구성할 때 루트 노드에서 시작하여 단말 노드 방향으로 파스 트리가 구성된다. 따라서 좌단 유도 방식에 의한 구문 분석 기법을 하향식 파싱(top-down parsing)이라고 한다.

○ 상향식 파싱

우단 역유도에 의한 구문 분석은 생성규칙이 적용될 때 입력 스트링으로부터 시작하여 루트 노드 방향으로 생성규칙이 적용되기 때문에 파스 트리를 구성할 때 단말 노드로부터 루트 노드 방향으로 파스 트리가 구성된다. 따라서 우단 역유도 방식에 의한 구문 분석 기법을 상향식 파싱(bottom-up parsing)이라고 한다.

○ 좌단 유도에 의한 구문 분석의 비결정성(non-determinism)

좌단 유도 과정에서 논터미널에 대해 2개 이상의 생성규칙이 있을 때 백트래킹(backtracking) 기법에 의해 모든 경우에 대한 경로를 탐색해야 한다. 만약에 각 단계에서 항상 어떤 생성규칙을 적용하는 것이 입력 스트링을 생성할 수 있는지 미리 알 수 있다면 백트래킹이 없는 결정적 파싱(deterministic parsing)이 가능할 것이다.

○ 우단 유도에 의한 구문 분석의 비결정성

우단 역유도 과정에서는 각 단계마다 입력 기호를 shift할 것인지, 스택의 top 부분에 생성규칙을 적용할 것인지 비결정적인 요소가 있다. 또한, top 부분에 RHS를 적용할 부분 문자열의 크기를 어떻게 할 것인지, 부분 문자열 α가 일치되었다고 할 때 $A \rightarrow \alpha$ 를 적용할지 $B \rightarrow \alpha$ 를 적용할지 비결정적인 경우가 발생하게 된다. 만약에 각 단계에서 shift를 할 것인지 생성규칙을 적용(reduce)할 것인지, 생성규칙을 적용하는 경우에 어떤 생성규칙을 적용하는 것이 파싱에 성공할 수 있는지 미리 알 수 있다면 백트래킹이 없는 결정적 파싱(deterministic parsing)이 가능할 것이다.

제5장 Top-down 파싱

LL 파싱은 좌단 유도 방식에 의한 하향식 파싱을 결정적인 방법으로 구현하는 파싱 방법이다.

5.1 좌단유도에서 비결정성 문제

좌단유도를 할 때 논터미널에 대해 2개 이상의 생성규칙이 있으면 각 생성규칙을 모두 적용하는 백트래킹 방법으로 파서를 구현해야 한다.

$$A \rightarrow B_1 \mid B_2 \mid \ldots \mid B_n$$

좌단유도의 깊이(depth)가 m일 때 파싱 알고리즘의 복잡도는 $O(m^n)$으로 지수 함수 복잡도가 된다.

o 백트래킹이 없는 결정적 파싱 방법
백트래킹이 없는 결정적 파싱이 가능하려면 입력 스트링을 보고서 어떤 생성규칙을 적용할지 미리 알 수 있어야 한다.

예 1) 백트래킹 없이 파싱 가능한 문법

$$S \rightarrow aA \mid bB$$
$$A \rightarrow aBb \mid bBb \mid cBb$$
$$B \rightarrow d \mid e \mid f$$

위 문법은 모든 생성규칙이 터미널 기호로 시작되며, 모든 논터미널에 대해 좌단유도로 생성규칙을 적용할 때 생성되는 첫 번째 터미널이 다르다. 이 문법으로 파싱할 때는 입력 문자열의 현재 문자를 생성하는 생성규칙을 적용하면 되므로 백트래킹 없이 파싱이 가능하다.

예 2) 백트래킹 없이 파싱 가능한 문법

$S \rightarrow AbB \mid BbB$
$A \rightarrow aBb \mid bBb \mid cBb$
$B \rightarrow d \mid e \mid f$

위 문법은 S-생성규칙이 논터미널로 시작되지만 백트래킹 없이 파싱이 가능하다. 생성해야 할 문자가 a/b/c이면 AbB를 적용하고, 생성할 문자가 d/e/f인 경우는 BbB를 적용해야 한다는 것을 알 수 있기 때문이다.

○ LL(1) 문법
각 생성규칙을 적용할 때 현재 위치에서 생성해야 할 터미널 1개를 보고 어떤 생성규칙을 적용할지 알 수 있는 결정적 파싱이 가능한 문법을 LL(1) 문법이라고 한다.

$A \rightarrow \alpha \mid \beta$

위 A-생성규칙에서 $A \rightarrow \alpha$를 적용했을 때 생성되는 첫 번째 터미널 집합과 $A \rightarrow \beta$를 적용했을 때 생성되는 첫 번째 터미널 집합을 구하면 결정적 파싱이 가능한지 여부를 알 수 있다. 모든 생성규칙에 대해 결정적 파싱이 가능한 문법은 LL(1) 조건을 만족하며 이 문법은 LL(1) 문법이다.

LL(k) 문법은 현재 위치에서 생성해야 할 터미널 k개를 보고서 적용할 생성규칙을 결정적으로 선택할 수 있는 문법이다.

예 3) LL(2) 문법

$S \rightarrow aA \mid aB \mid ac$
$A \rightarrow a$
$B \rightarrow b$

위 문법에서 S-생성규칙을 적용할 때 현재 위치에서 생성되는 첫 번째 문자는 a인데, 이 터미널 문자 1개만 보았을 때 결정적 파싱이 불가능하다. 그러나 생성해야 할 문자를 2개로 확장하여 aa/ab/ac를 보게 되면 적용할 생성규칙이 결정된다. 즉, 이 문법은 LL(1) 문법이 아니고 LL(2) 문법이다.

5.2 FIRST와 FOLLOW

각 논터미널들에 대해 생성규칙을 적용했을 때 생성되는 첫 번째 터미널들의 집합을 FIRST(A)라고 정의한다. 예2의 문법에 대한 FIRST는 아래와 같이 구할 수 있다.

$$S \rightarrow AbB \mid BbB$$
$$A \rightarrow aBb \mid bBb \mid cBb$$
$$B \rightarrow d \mid e \mid f$$

FIRST(A) = FIRST(aBb) ∪ FIRST(bBb) ∪ FIRST(cBb) = { a, b, c }
FIRST(B) = FIRST(d) ∪ FIRST(e) ∪ FIRST(f) = { d, e, f }
FIRST(S) = FIRST(AbB) ∪ FIRST(BbB) = { a, b, c, d, e, f }

예 4) ε-생성규칙에 대해 FIRST 구하는 예

$$A \rightarrow Ba \mid c$$
$$B \rightarrow b \mid \varepsilon$$

ε-생성규칙에 대한 FIRST는 ε을 포함한다.

FIRST(B) = FIRST(b) ∪ FIRST(ε) = { b, ε }

어떤 논터미널이 ε-생성규칙으로 기술되는 경우 이 논터미널은 nullable하다고 한다. 예4의 문법에서 A→Ba 와 같이 FIRST(B)에 ε이 포함된 경우에 FIRST(A)는 아래와 같이 구한다.

FIRST(A) = FIRST(Ba) ∪ FIRST(c) = { a, b, c }

○ 생성규칙 $X \rightarrow Y_1 Y_2 Y_3 \cdots Y_k$ 에 대해 FIRST 구하는 방법

1) FIRST(Y1)에 ε이 없는 경우

FIRST(Y1Y2Y3…Yk) = FIRST(Y1)

2) FIRST(Y1)에 ε이 포함된 경우

FIRST(Y1Y2Y3⋯Yk) = { FIRST(Y1) − { ε}) ∪ FIRST(Y2Y3⋯Yk)

$FIRST(Y_1Y_2Y_3\cdots Y_k)$를 구할 때 $FIRST(Y_1)$에 ε이 포함된 경우에만 ε 대신에 $FIRST(Y_2Y_3\cdots Y_k)$를 추가해 준다. 이처럼 첫 번째 피연산자 집합의 원소로 ε이 있는지 여부에 따라 조건부로 합집합 연산을 하는 새로운 연산을 정의할 수 있다. 이 연산을 ring sum이라 한다. 연산 A ⊕ B 는 ε∈A인 경우에만 ε 대신에 B를 추가하는 "조건부 합집합" 연산으로 정의한다.

$$A \oplus B = \begin{cases} A & , \text{if } \varepsilon \notin A \\ (A-\{\varepsilon\}) \cup B, & \text{if } \varepsilon \in A \end{cases}$$

ring sum 연산자를 이용하여 $FIRST(Y_1Y_2Y_3\cdots Y_k)$을 정의하면 아래와 같다.

$$FIRST(Y_1Y_2Y_3\cdots Y_k) = FIRST(Y_1) \oplus FIRST(Y_2Y_3\cdots Y_k)$$

동일한 방법으로 $FIRST(Y_2Y_3\cdots Y_k)$은 아래 ring sum 연산으로 기술된다.

$$FIRST(Y_2Y_3\cdots Y_k) = FIRST(Y_2) \oplus FIRST(Y_3\cdots Y_k)$$

따라서 ring sum 연산을 이용하여 $FIRST(Y_1Y_2Y_3\cdots Y_k)$을 구하는 식을 다시 기술하면 아래와 같다.

$$FIRST(Y_1Y_2Y_3\cdots Y_k) = FIRST(Y_1) \oplus FIRST(Y_2) \oplus \ldots \oplus FIRST(Y_k)$$

최종적으로 $FIRST(Y_1Y_2Y_3\cdots Y_k)$에 ε이 남아 있는 경우는 심벌 Y_i가 모두 논터미널이고 이 심벌들이 모두 ε−생성규칙이 있는 nullable한 심벌들로만 구성될 때만 가능하다.

예 4의 A−생성규칙 A → Ba | c 는 FIRST(Ba)와 FIRST(c)의 교집합이 공집합이므로 입력 스트링의 현재 위치에 생성되어야 할 문자가 무엇인지에 따라 어떤 생성규칙을 적용할지를 미리 알 수가 있다. 그러나 예4의 문법에서 ε−생성규칙이

있는 B-생성규칙을 적용할 때는 ε-생성규칙을 적용했을 때 현재 위치에 생성되는 첫 번째 문자가 a라는 것을 알아야만 이 문법이 LL(1) 문법인지, 아닌지를 확인할 수 있다.

A → Ba | c

B → b | ε

아래와 예5의 문법은 예4의 문법을 수정하였는데 이 문법은 LL(1) 조건을 만족하지 않는다. 왜냐하면, 생성규칙 B → b를 적용했을 때와 B → ε를 적용했을 때 모두 첫 번째 문자로 생성될 수 있는 문자가 b이기 때문이다.

예 5) LL(1) 조건을 만족하지 않는 문법

A → Bb | c

B → b | ε

ε-생성규칙이 포함된 문법에서 LL 조건 검사 및 ε-생성규칙을 적용했을 때 생성되는 첫 번째 문자를 미리 알 수 있도록 FOLLOW 함수를 정의한다.
논터미널 B에 대한 FOLLOW(B)는 생성규칙의 RHS 부분을 보고 구할 수 있다.

아래 생성규칙에서 FOLLOW(B)를 구하는 방법은 다음과 같다.

$A \rightarrow \alpha B \beta$

1) FIRST(β)에 ε이 포함되지 않은 경우

FOLLOW(B) = FIRST(β)

2) FIRST(β)에 ε이 포함된 경우

FOLLOW(B) = (FIRST(β)−{ε}) ∪ FOLLOW(A)

3) $\beta = \varepsilon$ 일 때, 즉 $A \rightarrow \alpha B$ 인 경우

FOLLOW(B) = FOLLOW(A)

4) B가 시작기호인 경우, 입력 스트링의 끝 표시 '$' 추가

FOLLOW(B) = FOLLOW(B) ∪ { $ }

논터미널 B가 생성규칙의 RHS에서 2회 이상 발견되는 경우는 각각 FOLLOW(B)를 구하여 합집합을 한다.

5.3 좌순환 규칙의 문제점과 제거 방법

○ 좌단 유도에서 좌순환(left recursion) 문제

$A \rightarrow A\alpha \mid \beta$

위 예와 같이 생성규칙에 좌순환(left-recursion)이 있을 경우에 $A \Rightarrow A\alpha \Rightarrow A\alpha\alpha \Rightarrow A\alpha\alpha\alpha \Rightarrow A\alpha\alpha\alpha\alpha \Rightarrow$ ... 와 같이 무한 루프(infinite loop)에 빠지게 된다. 무한 루프에 빠지는 문제점을 해결하려면 좌순환을 우순환(right recursion) 규칙으로 고쳐야 한다. 좌순환 규칙을 우순환 규칙으로 기술하는 방법은 다음과 같다.

생성규칙 $A \rightarrow A\alpha \mid \beta$ 이 생성하는 스트링 유형은 $\beta\alpha^*$이다. α^*는 우순환 규칙으로 $A' \rightarrow \alpha A' \mid \varepsilon$ 와 같이 기술된다. 따라서 좌순환 규칙은 $A \rightarrow \beta A'$와 같이 기술할 수 있다.

$A \rightarrow \beta A'$
$A' \rightarrow \alpha A' \mid \varepsilon$

○ Left factoring

$A \rightarrow aB \mid aC$

$A \rightarrow aD$
$D \rightarrow B \mid C$

○ CNF(Chomsky Normal Form)

CNF는 모든 생성규칙의 RHS가 논터미널 2개로 구성되거나 혹은 터미널 1개로 구성된다.

$A \rightarrow BC$
$A \rightarrow a$

모든 생성규칙을 CNF 요건을 만족하도록 기술하면 파싱 결과로 생성되는 파스 트리 형식이 이진 트리 형태로 구성되기 때문에 파스 트리의 내용을 분석할 때 편리한 점이 있다.

○ GNF(Greibach Normal Form)

GNF는 모든 생성규칙의 RHS가 터미널로 시작하고 두 번째 이하는 논터미널들로만 구성된다. 즉, 모든 생성규칙들이 첫 번째 기호는 반드시 터미널이어야 하고, 두 번째 이하는 논터미널만 허용되는 형태의 문법이다.

$A \rightarrow a\alpha$, a는 터미널, α는 논터미널 스트링

GNF 문법은 정규 문법과 유사하다. 정규 문법의 경우에 첫 번째 기호는 터미널이고 두 번째 기호는 논터미널 1개인데 비해 GNF는 논터미널 개수를 1개 이상으로 확장한 것이다. 다만, 어떤 문법을 기술할 때 현실적으로 모든 생성규칙들이 GNF 요건을 만족하도록 문법을 기술하는 것이 쉽지 않다.

5.4 Recursive-descent 파서

FIRST와 FOLLOW를 이용하여 각 생성규칙마다 $LOOKAHEAD(A \rightarrow \alpha)$를 아래와 같이 정의한다.

1) $\alpha \neq \varepsilon$ 이고, $\varepsilon \notin FIRST(\alpha)$ 인 경우
$LOOKAHEAD(A \rightarrow \alpha) = FIRST(\alpha)$

2) $\alpha \neq \varepsilon$ 이고, $\varepsilon \in FIRST(\alpha)$ 인 경우
$LOOKAHEAD(A \rightarrow \alpha) = (FIRST(\alpha) - \{\varepsilon\}) \cup FOLLOW(A)$

3) $\alpha = \varepsilon$ 인 경우
$LOOKAHEAD(A \rightarrow \varepsilon) = FOLLOW(A)$

Recursive-descent 파서는 LL(1) 문법에 대하여 좌단유도 방식으로 각 터미널과 논터미널에 대해 프로시저를 작성하는 방법으로 구현한다. 각 생성규칙 $A \rightarrow \alpha \mid \beta$ 에 대해 어떤 생성규칙을 적용할 것인지는 LOOKAHEAD에 의해 결정된다.

각 터미널 a에 대한 프로시져는 아래와 같이 작성한다.

```
void pa()
{
        if (nextsymbol == 'a')
                nextsymbol = get_nextsymbol();
        else error;
}
```

각 논터미널 A에 대한 프로시져는 아래와 같이 작성한다.

```
void pA()
{
        case nextsymbol of
           LOOKAHEAD(A→X1X2···Xm):
                for i:=1 to m do pXi();
           LOOKAHEAD(A→Y1Y2···Yn):
                for i:=1 to n do pYi();
                 ........
           LOOKAHEAD(A→Z1Z2···Zr):
                for i:=1 to r do pZi();
        otherwise: error;
}
```

main() 함수는 아래와 같이 시작기호 S에 대한 프로시져를 호출하는 형태로 작성하고, 호출 결과로 모든 입력 스트링이 생성되어 입력 버퍼에 입력 스트링의 끝 표시인 '$'만 남아 있으면 파싱을 성공적으로 수행한 것이다.

```
void main()
{
        nextsymbol = get_nextsymbol();
        pS();
```

```
        if (nextsymbol == '$')
                accept;
        else error;
}
```

Recursive descent 파서는 스택 자료구조를 사용하지 않는다. 명시적인 스택을 사용하지 않지만 프로시져 호출 과정에서 실시간 스택(runtime stack)이 사용된다.

5.5 Predictive 파서

Recursive descent 파서는 구현 방법이 매우 쉽고 간단하다. 그러나 문법을 수정했을 때 프로시져를 직접 수정해야 하는 단점이 있다. 이러한 단점을 극복하기 위하여 문법을 소스 코드에 포함시키지 않아도 되는 방법으로 구현할 수 있다. Predictive 파서는 생성규칙을 파싱 테이블 형태로 저장한다.

Predictive 파서는 좌단유도 과정을 스택 자료구조를 이용하여 구현한 것이다. 스택의 top에 있는 논터미널에 적용할 생성규칙은 현재 위치에 생성되어야 할 입력기호에 대해 파싱 테이블을 참조하여 결정한다. Predictive 파서는 생성규칙을 수정했을 때 파싱 테이블만 수정하면 되는 장점이 있다.

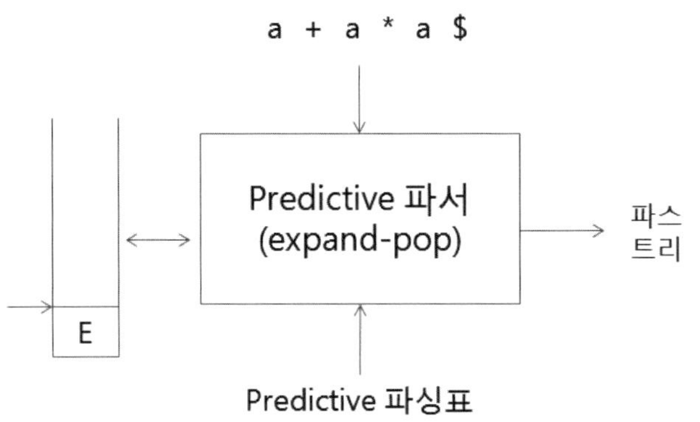

아래 문법에 대한 Predictive 파싱표를 작성하는 과정은 다음과 같다.

S → bAb | aB | ε

A → aAb | bBa

B → b | ε

1) FIRST 구하기

FIRST(S) = { a, b, ε }

FIRST(A) = { a, b }

FIRST(B) = { b, ε }

2) FOLLOW 구하기

FOLLOW(S) = { $ }

FOLLOW(A) = { b }

FOLLOW(B) = { a, $ }

3) 각 생성규칙에 대한 LOOKAHEAD를 파싱표로 구성

	a	b	$
S	2	1	3
A	4	5	
B	7	6	7

파싱표를 작성할 때 <논터미널, 터미널> 항에 두 개 이상의 생성규칙이 기술되는 충돌이 발생한다면 이 문법은 LL 조건을 만족하지 않는 문법이다. LL 조건을 만족하지 않는 문법은 그 의미에 따라 하나의 생성규칙을 선택함으로써 결정적인 파서를 구현할 수 있다.

아래 문법에 대한 Predictive 파싱표를 작성하는 과정을 살펴 보자.

$$E \rightarrow E + E \mid E * E \mid a$$

좌단 유도 방식에 따라 파서를 구현하는 Top-down 파싱은 결정적인 파싱을 하기 위한 전제조건으로 모호성 제거와 left factoring이 선행되어야 한다. 모호성을 제거하려면 연산자의 우선순위와 결합 규칙을 반영하여 문법을 다시 작성하는 것이 필요하다. 또한, 생성규칙에 좌순환이 있는 경우에는 무한 루프에 빠지는 심각한 문제점이 발생한다. 따라서 좌순환 규칙은 우순환 규칙으로 변환해 주어야 한다.

이처럼 Top-down 파싱 방법은 파서를 구현하기 전에 문법을 변환하는 전처리 과정을 거쳐야 하며, 모호성 제거 및 좌순환 제거를 통해 다시 작성된 생성규칙은 생성규칙에 대한 가독성(readability)을 저하시키는 요인이 된다. 생성규칙의 가독성이 낮으면 생성규칙을 수정하거나 새로운 기능을 추가하여 생성규칙을 확장하기가 어려운 단점이 있다.

제6장 Bottom-up 파싱

Bottom-up 파싱은 우단 역유도 방식으로 파서를 구현한 것으로서 Top-down 파싱에서 모호성과 좌순환 규칙을 제거하는 단점을 개선한 파싱 방법이다. Bottom-up 파싱에서는 shift-reduce conflict와 reduce-reduce conflict가 발생한다. 이러한 conflict가 발생하지 않는 문법을 LR 문법이라고 하며, LR 문법은 LR 조건을 만족한다. LR의 L은 입력 스트링의 각 터미널에 대해 Left-to-right scanning을 의미하고, R은 Rightmost derivation을 의미한다.

상향식 파싱 과정에서 발생하는 shift, reduce와 관련된 모호성이 발생하지 않도록 결정적인 방법으로 구현하는 파싱 방법을 LR 파싱이라고 한다.

6.1 LR 파서의 구조

LR 파서 shift 연산과 reduce 연산에 의해 작동한다. shift 연산은 입력 스트링을 좌에서 우로 읽으면서 입력 토큰 1개를 스택으로 이동시키는 연산이고, reduce 연산은 스택의 top 부분에서 임의의 생성규칙의 RHS와 일치되는 것이 발견되었을 때 해당 생성규칙의 LHS로 대치시키는 연산이다. 그리고 파싱이 성공적으로 완료되면 accept, 파싱을 더 이상 진행할 수 없을 때는 error로 파싱을 종료한다.

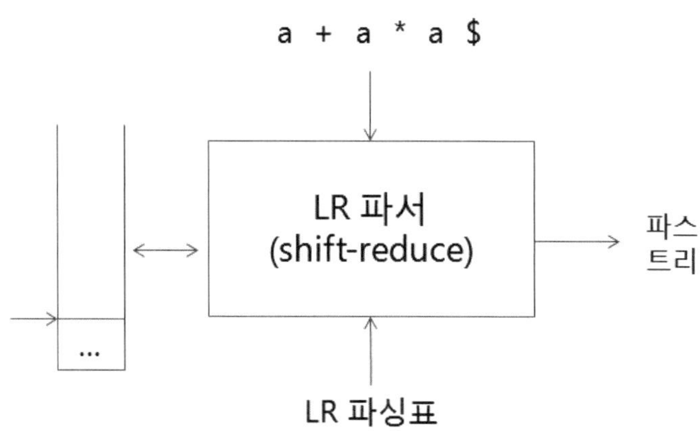

LR 파서는 문맥 자유 문법에 대해 푸시다운 오토마타를 구성하여 그 내용을 파싱표로 구성한다. LR 파싱 과정에서 shift, reduce, accept, error 중 어떤 동작을 할 것인지는 스택에 저장되는 현재 상태와 터미널, 논터미널 기호에 대한 LR 파싱표를

참조함으로써 결정된다. LR 파서의 스택 내용은 초기 상태 번호로 시작하고 스택의 top 기호는 항상 상태 번호이다. 따라서 shift 연산에 의해 스택에 입력 토큰(터미널 기호)이 삽입되거나 reduce 연산에 의해 논터미널 기호가 삽입될 때는 항상 다음 상태 번호를 삽입해 주어야 한다. 즉, 스택의 첫 심벌만 시작 상태 번호이고 그 이후에는 항상 <터미널 또는 논터미널, 다음 상태 번호> 쌍이 스택에 삽입된다. 마찬가지로, 터미널 또는 논터미널 기호를 스택에서 제거할 때도 항상 <터미널 또는 논터미널, 다음 상태 번호> 쌍을 함께 제거한다. 스택에 터미널 또는 논터미널 기호와 함께 삽입되어야 할 다음 상태 번호는 LR 파싱표에 기술되어 있다.

LR 파서의 작동 과정을 구체적으로 기술하면 다음과 같다.

1) 스택 내용을 시작 상태(S_0)로 초기화한다.
2) 스택의 top에 있는 현재 상태 번호와 입력 버퍼의 터미널 토큰에 대해 LR 파싱표에 지정되어 있는 연산을 수행한다.
3) shift 연산의 경우, 입력 버퍼의 터미널 토큰을 스택으로 이동하고 파싱표에 지정된 다음 상태 번호를 스택에 삽입한다.
4) reduce 연산의 경우, 파싱표에 지정된 생성규칙 번호에 의해 reduce를 수행한다. 생성규칙의 LHS와 함께 다음 상태 번호를 삽입해야 하는데, 스택의 <상태번호, 삽입된 논터미널 기호>에 대해 GOTO 테이블에 지정된 상태 번호를 스택에 삽입한다.

기호 / 상태	ACTION 테이블	GOTO 테이블
	t_1 t_2 t_3 … t_n \$	N_1 N_2 N_3 … N_m
0	〈shift, 다음 상태 번호〉	다음 상태 번호
1	〈reduce, 생성규칙 번호〉	
2	〈accept〉	
…	〈error〉	

LR 파싱표의 ACTION 부분은 스택의 top에 있는 현재 상태에서 입력 토큰에 대해 어떤 연산을 할 것인지를 지정해 준다. shift 연산은 입력 버퍼에서 토큰을 스택으로 이동하고 다음 상태 번호를 함께 스택에 삽입한다.

파싱표의 GOTO 부분은 reduce 연산이 발생했을 때 다음 상태를 지정하는 역할을 한다. reduce 연산은 스택에서 생성규칙의 RHS에 해당하는 <터미널 또는 논터

미널, 다음 상태 번호> 쌍들을 LHS의 논터미널로 대치하는데, 이 때 논터미널과 함께 다음 상태 번호를 스택에 삽입해야 한다. 다음 상태 번호는 <스택의 상태 번호, 삽입된 논터미널>에 대해 GOTO 테이블에 기술된 상태 번호가 된다.

아래 문법에 대한 LR 파싱표를 이용하여 a+a에 대해 파싱을 하고자 한다.

1. E → E + F
2. E → F
3. F → a

심벌 / 상태	ACTION 테이블			GOTO 테이블	
	a	+	$	E	F
0	s3			1	2
1		s4	acc		
2		r2	r2		
3		r3	r3		
4	s3				5
5		r1	r1		

a+a 에 대한 파싱 과정은 아래와 같다.

스택	입력 버퍼	동작
0	a + a $	s3
0 a 3	+ a $	r3 GOTO 2
0 F 2	+ a $	r2 GOTO 1
0 E 1	+ a $	s4
0 E 1 + 4	a $	s3
0 E 1 + 4 a 3	$	r3 GOTO 5
0 E 1 + 4 F 5	$	r1 GOTO 1
0 E 1	$	accept

6.2 LR(0) item 집합과 상태 전이 함수

파싱표를 작성하려면 주어진 문법에 대한 오토마타를 구성해야 하는데 오토마타의 각 상태는 LR(0) item 집합으로 구성된다. LR(0) item은 각 생성규칙의 RHS 부분에 dot 표시를 하여 생성규칙을 대괄호로 둘러싼 형태이다. dot 표시가 있는 터미널 또는 논터미널 기호를 mark 심벌이라고 한다. 예를 들어, [A → · BCD]에서 mark 심벌은 B이다.

생성규칙 A → BCD의 경우에 dot 위치에 따라 아래와 같은 LR(0) item이 생성될 수 있다.

[A → · BCD] : closure item
[A → B · CD] : kernel item
[A → BC · D] : kernel item
[A → BCD ·] : reduce item

LR(0) item은 어떤 생성규칙의 RHS 부분이 스택에서 reduce될 준비가 되어 있는지를 나타낸다. 즉, 생성규칙의 RHS가 스택의 top 부분에 현재 어디까지 완성되어 있는지를 보여준다. 예를 들어, [A → BC · D]는 BC가 스택의 top 부분에 있고, D가 스택에 삽입된 후에 reduce될 수 있음을 의미한다. [A → BCD ·]의 경우는 BCD가 스택에서 reduce될 준비가 되어 있음을 알 수 있고 이처럼 dot 위치가 RHS의 끝으로 모두 이동된 LR(0) item을 reduce item이라고 한다.

LR(0) item은 dot 위치에 따라 closure item, kernel item, 그리고 reduce item으로 구분된다.

- closure item: dot 위치가 RHS의 맨 앞에 있는 LR(0) item
- kernel item: dot 위치가 RHS의 터미널/논터미널 중간에 있는 LR(0) item
- reduce item: dot 위치가 RHS의 맨 끝에 있는 LR(0) item

closure item은 해당 생성규칙으로부터 우단 유도를 시작하는 시점을 나타낸다. 그런데 [A → · BCD]의 경우에 생성규칙 A → BCD에 의해 우단 유도를 했을 때 다음 단계는 [A → B · CD]가 될 것이다. 그런데 논터미널 B가 스택에 삽입되려면 그 전에 B-생성규칙이 먼저 적용되어야 한다. 따라서 dot 위치가 다음 단계로 이동하기 전에 B-생성규칙들이 적용될 수 있도록 [A → · BCD]에 대한 CLOSURE 집합을 아래와 같이 구성한다.

CLOSURE([A → · BCD]) = { [A → · BCD] } ∪ { 이 집합의 LR(0) item의 mark 심벌이 논터미널인 생성규칙들에 대한 closure item }

예를 들어, B-생성규칙으로 B → CD, B → EF 가 있다면, CLOSURE([A → · BCD])는 아래와 같이 구한다.

CLOSURE([A → · BCD]) = { [A → · BCD], [B → · CD], [B → · EF] } ∪ { C-생성규칙과 E-생성규칙에 대한 closure item }

LR(0) item에 대한 CLOSURE 집합을 이용하여 오토마타를 구성하는 방법을 다음과 같다.

(1) 추가된 시작기호의 closure item에 대한 CLOSURE 집합을 구하고 이를 초기 상태 S0로 한다.
(2) 각 상태의 CLOSURE 집합에서 각 mark 심벌들에 대해 dot 위치를 mark 심벌의 다음 위치로 이동한 LR(0) item들에 대해 다음 상태들을 구성한다.
(3) 더 이상 새로운 상태가 만들어지지 않을 때까지 반복한다.

오토마타를 구성할 때, mark 심볼이 동일한 LR(0) item들은 모두 하나의 다음 상태로 구성해야 한다. 즉, 현재 상태에 대한 다음 상태는 결정적 오토마타로 구성해야 하며 다음 상태들의 개수는 mark 심벌의 가지수가 된다. 오토마타에 대한 상태 전이(state transition) 관계를 상태 전이 함수 형태로 기술하면 현재 상태 S_i에서 mark 심벌 X에 대한 다음 상태를 S_j라 할 때 상태 전이 함수는 아래와 같이 기술할 수 있다.

$$GOTO(S_i, X) = S_j$$

LR 파서의 작동 예제인 덧셈 수식을 기술하는 문법에 대한 LR 파싱표를 구성하기 위해 오토마타를 구성하는 과정은 다음과 같다.

(1) 새로운 시작 기호 추가

0. ACC → E
1. E → E + F
2. E → F
3. F → a

(2) 오토마타 구성

S_0 = CLOSURE({ [ACC→ · E] }) = {
[ACC→ · E],
[E→ · E+F],
[E→ · F],
[F→ · a] }

GOTO(S_0, E) = S_1 = {
[ACC→E ·],
[E→E · +F] }

GOTO(S_0, F) = S_2 = { [E→F ·] }

GOTO(S_0, a) = S_3 = { [F→a ·] }

GOTO(S_1, +) = S_4 = { [E→E+ · F], [F→ · a] }

GOTO(S_4, F) = S_5 = { [E→E+F ·] }

GOTO(S_4, a) = S_3

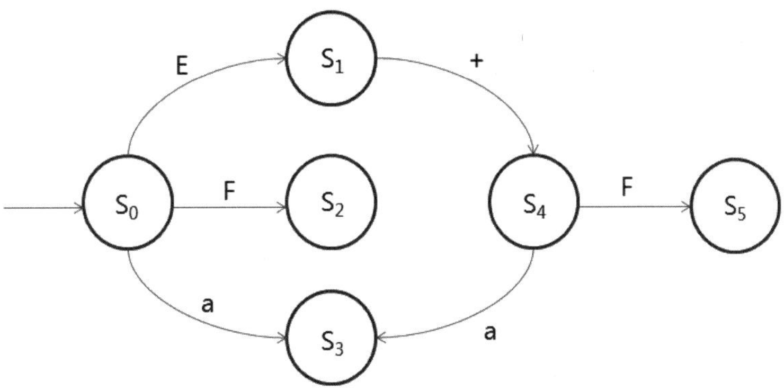

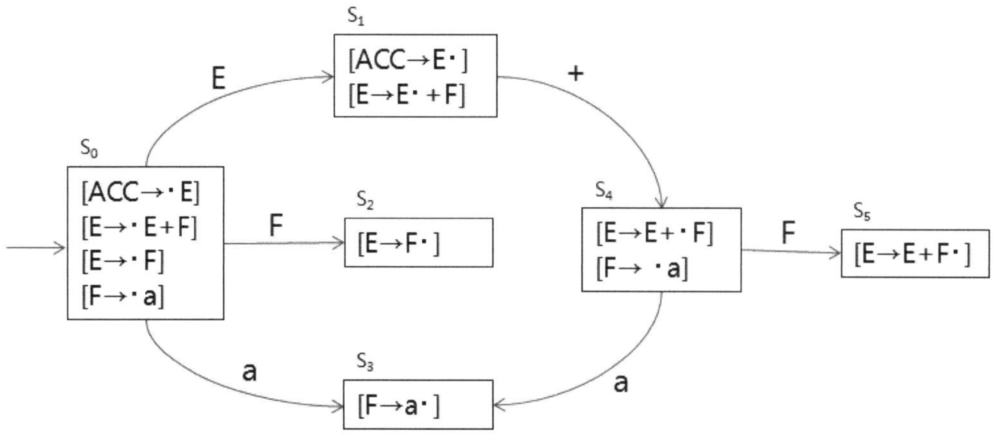

6.3 SLR 파싱표 작성 방법

SLR(Simple LR) 파싱표는 LR 파싱표를 구성하는 가장 간단한 방법이다. LR(0) item 집합과 mark 심벌들에 대한 다음 상태들로 구성된 오토마타로부터 SLR 파싱표를 구하는 방법은 다음과 같다.

– 상태 S_i 에서 mark 심벌이 터미널 a인 경우
GOTO(S_i, a) = S_j 에 대해 ACTION[i][a] = <shift, j>

– 상태 S_i 에서 mark 심벌이 논터미널 A인 경우
GOTO(S_i, A) = S_j 에 대해 GOTO[i][A] = j

– 상태 S_i 에서 reduce item [A→ α ·] 가 존재하는 경우
FOLLOW(A)에 속하는 모든 터미널 a에 대해
ACTION[i][a] = <reduce, 생성규칙 번호>

덧셈 연산 문법에 대한 LR(0) item 집합과 상태전이도로부터 SLR 파싱표를 작성하려면 reduce item에 대한 ACTION 테이블을 구성하기 위하여 각 논터미널들에 대해 FOLLOW를 구해야 한다. 생성규칙에 ε 이 포함된 문법은 FOLLOW를 구할 때 FIRST를 먼저 구해야 하지만 이 문법에는 ε 이 사용되지 않았으므로 FIRST는 구하지 않아도 된다.

FOLLOW(E) = { +, $ }
FOLLOW(F) = { +, $ }

FOLLOW가 구해졌으면 각 상태들에 대해 mark 심벌에 따라 터미널에 대한 shift 연산과 논터미널에 대해 다음 상태를 기술하는 GOTO 테이블, 그리고 각 reduce item들에 대한 ACTION 테이블을 구성하여 SLR 파싱표를 작성한다.

아래 문법은 Predictive 파싱에서 예로 들었던 문법이다. 이 문법에 대한 LR(0) item 집합과 오토마타를 구성하여 LR 파싱표를 작성해 보자

S → bAb | aB | ε
A → aAb | bBa
B → b | ε

(1) 새로운 시작 기호 추가

0. S' → S
1. S → bAb
2. S → aB
3. S → ε
4. A → aAb
5. A → bBa
6. B → b
7. B → ε

(2) 오토마타 구성

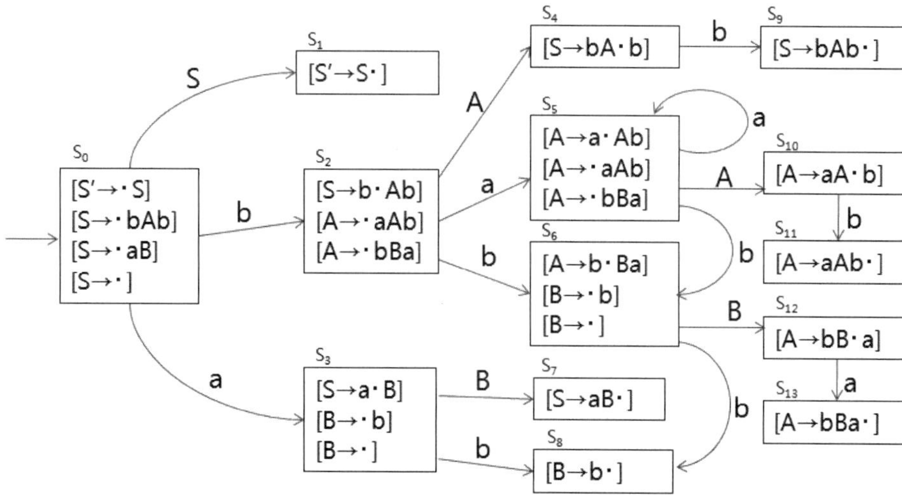

(3) FIRST와 FOLLOW

FIRST(S) = { a, b, ε }

FIRST(A) = { a, b }

FIRST(B) = { b, ε }

FOLLOW(S) = FOLLOW(S') = { $ }

FOLLOW(A) = { b }

FOLLOW(B) = { a, $ }

(4) 파싱표 구성

심벌 / 상태	ACTION 테이블			GOTO 테이블		
	a	b	$	S	A	B
0	s3	s2	r3	1		
1			acc			
2	s5	s6			4	
3	r7	s8	r7			7
4		s9				
5	s5	s6			10	
6	r7	s8	r7			12
7			r2			
8	r6		r6			
9			r1			
10		s11				
11		r4				
12	s13					
13		r5				

(5) 입력 문장 babbabb에 대한 파싱 과정

아래 문법은 모호성이 있는 문법이다. 입력 스트링 a+a*a 에 대해 연산자 우선순위로 인한 모호성이 발생하고, a+a+a 에 대해서는 결합규칙과 관련된 모호성이 발생한다. 이 문법에 대한 LR 파싱표를 구성해 보고, 파싱표를 구성할 때 어떤 문제점이 발생하는지 살펴보자.

E → E + E | E * E | a

– 새로운 시작 기호 추가

0. E' → E
1. E → E + E
2. E → E * E
3. E → a

– 오토마타 구성

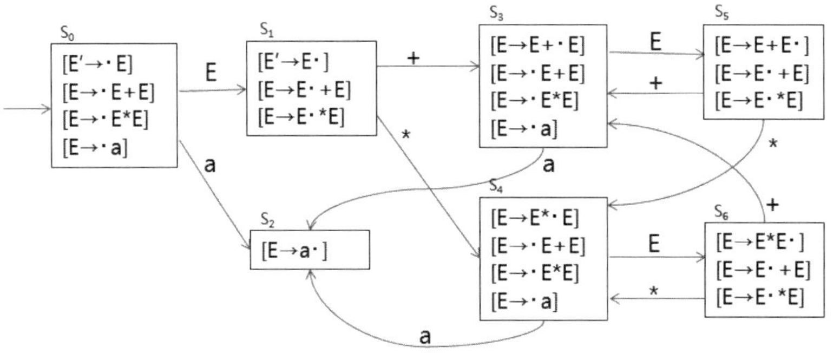

– SLR 파싱표

심벌 / 상태	ACTION 테이블			GOTO 테이블		
	a	b	$	S	A	B
0						
1			acc			
2						
3						
4						
5						
6						

LR 파싱에서는 shift-reduce conflict와 reduce-reduce conflict가 발생할 수 있다. 어떤 경우에 이러한 conflict가 발생하는가?

6.4 CLR 파싱표 작성 방법

SLR 파싱표를 작성할 때 reduce item [A→ α ·] 가 존재하는 경우 FOLLOW(A)에 속하는 모든 터미널 a에 대해 reduce 연산을 수행하도록 하였다. 이 방법은 시작 기호에서 출발하여 현재 상태에 이르기까지의 유도 과정을 고려하지 않고 단순히 A→ α 가 적용되는 모든 경우에 이 생성규칙의 우측에 올 수 있는 모든 첫 번째 터미널들에 대하여 reduce 연산을 허용한 것이다.

시작 기호로부터 현재 상태에 이르기까지 유도 과정을 고려한다면 이 생성규칙이 적용되는 시점에서 이 생성규칙의 우측에 올 수 있는 터미널 집합은 FOLLOW(A)의 부분 집합이 된다. 즉, SLR 파싱표는 reduce 연산에서 허용되는 터미널 집합이 현재 유도 과정에서 발생하지 않지만 다른 유도 과정에서 발생하는 터미널이 포함되는 경우가 발생할 수 있다.

CLR(Canonical LR) 파싱표는 reduce 연산이 허용되는 터미널 집합을 구할 때 FOLLOW가 아니라 실제로 시작 기호로부터 현재 상태까지 유도 과정에서 허용되는 터미널 집합을 계산하여 LR(0) item에 추가하는 방법을 취함으로써 현재 상태에서 허용되지 않는 터미널에 대해 reduce 연산이 수행되는 것을 방지한다.

시작 상태로부터 현재 상태까지 유도 과정에서 허용되는 터미널 집합을 lookahead라 하고, LR(0) item에 lookahead를 추가한 것을 LR(1) item이라 한다. LR(1) item은 아래와 같이 표현된다.

$$[A \rightarrow B \cdot CD,\ a/b/c]$$

LR(0) item에 추가된 터미널 집합 a/b/c는 이 생성규칙에 의해 reduce 행동이 일어나는 심벌들이다. CLR 파싱표에서 오토마타의 시작 상태는 추가된 생성규칙에 대한 LR(1) item 집합이다. 추가된 생성규칙 S' → · S의 lookahead는 $ 이므로 시작 상태의 LR(1) item은 추가된 생성규칙에 대한 closure item [S' → · S, $]에 대한 CLOSURE 집합이다.

LR(1) item에 대한 closure 집합을 구할 때 추가되는 LR(1) item들에 대해 lookahead를 구하는 방법은 다음과 같다.

예를 들어, [A → · BCD, a/b/c]에서 B-생성규칙에 대한 LR(1) item의 lookahead {d/e/f}는 FIRST 구하는 방법에서 정의한 ring sum 연산을 이용하여 아래와 같이 구한다.

B-생성규칙의 lookahead 계산:

FIRST(CD{a/b/c}) = FIRST(C) ⊕ FIRST(D) ⊕ {a, b, c}

동일한 방법으로 아래 C-생성규칙의 closure item에 대한 lookahead는 아래와 같이 구할 수 있다.

C-생성규칙의 lookahead 계산:

FIRST(D{d/e/f}) = FIRST(D) ⊕ {d, e, f}

CLOSURE([A → · BCD, a/b/c]) = {
[A → · BCD, a/b/c],
[B → · CD, d/e/f],
[B → · EF, d/e/f],
C-생성규칙에 대한 closure item,
E-생성규칙에 대한 closure item,
}

오토마타의 각 상태를 구성하는 방법은 LR(1) item의 CLOSURE 집합을 구하고 dot 기호가 이동하면서 다음 상태를 구하는 것이다. 시작 상태는 [S' → · S, $]에 대한 CLOSURE 집합으로 하고, 시작 상태를 S0라고 할 때 S0로부터 다음 상태를 구성하는 방법은 SLR 파싱표 구성할 때와 동일하다. 즉, mark 심벌의 가지수만큼 다음 상태가 생성된다. 오토마타에서 다음 상태는 dot 표시가 mark 심벌을 넘어 다음 위치로 이동하는 것이다. dot가 이동할 때 lookahead는 변하지 않고 그대로 유지된다.

예를 들어, [A → · BCD, a/b/c]의 다음 상태로 dot 표시가 이동하여 [A → B · CD, a/b/c]가 생성되는데 이 때 lookahead는 그대로 유지된다. 이와 같이 dot 표시가 mark 심벌 X의 다음 위치로 이동하는 상태 전이를 X-transition이라고 한다. 이에 비해, CLOSURE 집합을 구할 때 mark 심벌에 대한 closure item을 추가하는 것을 ε-transition이라고 한다. 즉, SLR및 CLR 파싱표를 작성할 때 구성하는 오토마타는 터미널 또는 논터미널 기호 X에 대한 X-transition에 의해 다음 상태를 구성하고, 각 상태는 mark 심벌들에 대한 ε-transition에 의해 CLOSURE 집합을 구하는 것이다.

SLR 파싱표 작성 예제 문법에 대해 CLR 파싱표를 작성해 보고 SLR 파싱표 구성 방법과 어떤 차이점이 있는지 살펴보자.

(1) 새로운 시작 기호 추가

0. ACC → E
1. E → E + F
2. E → F
3. F → a

(2) 오토마타 구성

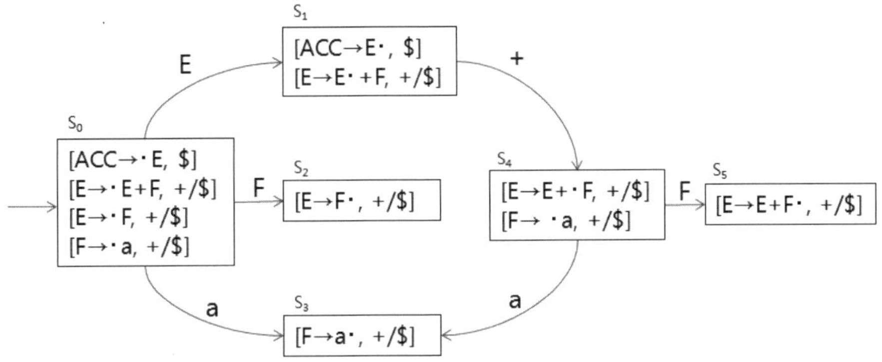

위 오토마타에서 S0의 LR(1) item 중에서 [E→·E+F, +/$]의 lookahead인 +/$ 는 아래와 같이 계산된다. [ACC→·E, $]의 mark 심벌 E에 대한 ε-transition에 의하여 [E→·E+F, $]와 [E→·F, $]가 추가된다. 다시 추가된 LR(1) item의 mark 심벌 E, F에 대해 ε-transition에 의하여 [E→·E+F, +]와 [E→·F, +]가 추가된다. 따라서 추가된 LR(1) item은 [E→·E+F, +/$]와 [E→·F, +/$] 이다. 즉, [ACC→·E, $]으로부터 구한 lookahead는 '$'이지만, [E→·E+F, $]의 mark 심벌 E에 대해 CLOSURE 집합을 구할 때 lookahead는 '+'이다. 이 두 가지 경우에 대한 lookahead가 각각 계산되어 최종적으로 '+/$' 가 되었다.

- [ACC→·E, $]의 mark 심벌 E에 대해 추가되는 E-생성규칙의 closure item [E→·E+F]에서 계산되는 lookahead '$'
- [E→·E+F, $]의 mark 심벌 E에 대해 추가되는 E-생성규칙의 closure item [E→·E+F]에서 계산되는 lookahead '+'

(3) CLR 파싱표 작성

아래 문법에 대해 CLR 파싱표를 작성하고 aacbc를 파싱하는 과정을 살펴 보자.

S → AB

A → aA | ε

B → bA | c

(1) 새로운 시작 기호 추가

0. S' → S
1. S → AB
2. A → aA
3. A → ε
4. B → bA
5. B → c

(2) 오토마타 구성

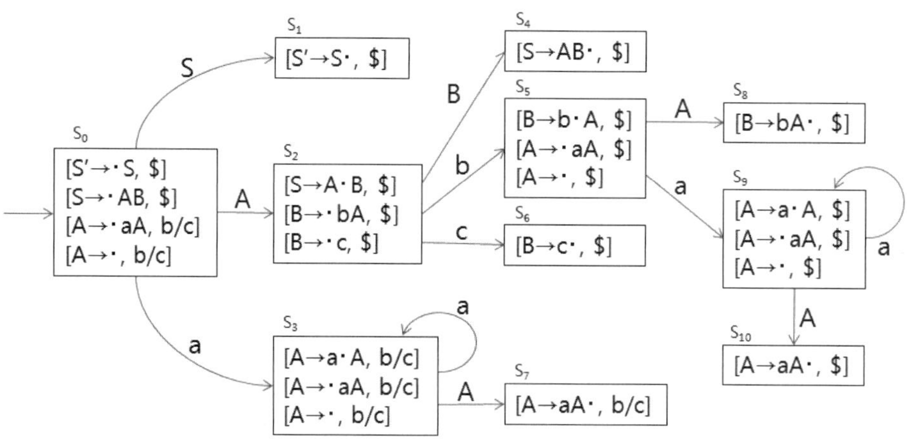

(3) 파싱표 작성

상태 \ 심벌	ACTION 테이블				GOTO 테이블		
	a	b	c	$	S	A	B
0	s3	r3	r3		1	2	
1				acc			
2		s5	s6				4
3	s3	r3	r3			7	
4				r1			
5	s9			r3		8	
6				r5			
7		r2	r2				
8				r4			
9	s9			r3		10	
10				r2			

(4) aabaa에 대한 파싱 과정

스택	입력 버퍼	동작
0	a a b a a $	s3
0 a 3	a b a a $	s3
0 a 3 a 3	b a a $	r3 GOTO 7
0 a 3 a 3 A 7	b a a $	r2 GOTO 7
0 a 3 A 7	b a a $	r2 GOTO 2
0 A 2	b a a $	s5
0 A 2 b 5	a a $	s9
0 A 2 b 5 a 9	a $	s9
0 A 2 b 5 a 9 a 9	$	r3 GOTO 10
0 A 2 b 5 a 9 a 9 A 10	$	r2 GOTO 10
0 A 2 b 5 a 9 A 10	$	r2 GOTO 10
0 A 2 B 4	$	r4 GOTO 4
0 S 1	$	accept

6.5 LALR 파싱표 작성 방법

SLR 파싱표는 크기가 작은 대신에 reduce 행동에서 FOLLOW에 대해 생성규칙을 적용하므로 정확도가 떨어지는 단점이 있고, CLR 파싱표는 시작 상태에서부터 유도 과정의 각 단계에 lookahead를 유지시켜서 정확한 lookahead에 대해 reduce 행동이 일어나는 장점이 있는 대신에 파싱표의 크기가 커지는 단점이 있다.

LALR 파싱표는 SLR과 CLR의 장단점에 대한 절충 방안으로 파싱표의 크기는 SLR과 같고 lookahead는 CLR 방식에 따라 시작 상태로부터 lookahead를 계산하는 방식을 취한다.

LALR 파싱표를 구성하는 방법은 CLR 파싱표에서 구하는 방법과 SLR 파싱 과정에 lookahead를 추가하는 방법이 가능하다. CLR 파싱표로부터 LALR 파싱표를 구하는 방법은 LR(0) item 부분이 동일하지만 lookahead만 다른 상태들을 통합하는 것이다. SLR 파싱 과정을 수정하여 LALR 파싱표를 구성하려면 각 상태에서 lookahead를 계산하는 방법이 추가된다.

CLR 파싱표로부터 LALR 파싱표를 구하는 방법에 비해 SLR 파싱 과정에 lookahead를 계산하는 알고리즘은 좀더 복잡하다. CLR 파싱표 구성 방법의 예제 문법에서는 3번과 9번, 7번과 10번 상태가 LR(0) item 부분은 동일하고 lookahead만 다르다. 이 상태들을 통합하여 LALR 파싱표를 구성하면 아래와 같다.

심벌 / 상태	ACTION 테이블				GOTO 테이블		
	a	b	c	$	S	A	B
0	s3	r3	r3		1	2	
1				acc			
2		s5	s6				4
3	s3	r3	r3	**r3**		7	
4				r1			
5	**s3**			r3		8	
6				r5			
7		r2	r2	**r2**			
8				r4			

제7장 컴파일러 구현

컴파일러는 어휘 분석, 구문 분석, 의미 분석 과정을 거쳐 소스 코드를 분석하고 그 분석 결과로부터 목적 코드를 생성하여 실행 가능한 코드를 생성하는 것이다.

7.1 Lex를 이용한 어휘 분석

어휘 분석 도구인 Lex는 정규식을 인식했을 때 C 언어 문장으로 해당 정규식에 대한 액션 코드(action code)를 작성할 수 있다. Lex는 컴파일러 작성뿐만 아니라 파워 에디터에서 스트링 탐색과 같이 정규식을 인식하는 기능을 이용하여 정규식 형태로 표현되는 스트링 패턴을 인식할 필요가 있는 문제를 해결하는데 널리 사용되는 범용 도구이다.

컴파일러의 첫 단계인 어휘 분석기를 구현할 때는 Lex의 기능 중에서 단순히 <token number, token value>를 Yacc의 입력으로 전달하는 기능을 한다. 토큰값을 전달할 필요가 없는 경우에는 각 정규식마다 아래와 같이 단순히 token number를 파서에게 전달하기만 하면 된다.

```
정규식_i { return token_number_i; }
```

변수명, 함수명 등 명칭(identifier)과 정수/실수/스트링 상수 등 토큰값을 파서에게 전달해야 하는 토큰들에 대해서는 토큰값을 yylval에 저장한 후에 token number를 전달한다.

```
정규식_j { set_token_value_j; return token_number_j; }
```

토큰값 이외의 다른 값을 파서에게 전달할 필요가 있는 경우에는 전달하고자 하는 데이터를 저장할 변수를 전역 변수로 선언하고, 파서에서 외부 변수(external variable)로 전달받으면 된다.

Lex는 규칙부에 기술된 각 정규식들을 인식하는 함수 yylex()를 생성하고 각 정규식의 액션 코드에 기술된 return값은 함수 yylex()의 return값이 된다. yylex()의 return값은 정수형(integer)이므로 인식된 토큰에 대한 token number는 정수형으로 정의되어야 한다. 다만, '+', '−' 등과 같이 한 문자로 구성된 연산 기호는 아스키 코드값이 정수이므로 아스키 코드를 직접 return 할 수 있다.

다시 말하면, Lex에서 파서로 전달하는 token number(정규식의 return값)는 Yacc의 규칙부에서 토큰으로 정의된 것과 규칙부에서 직접 터미널 문자로 사용된 아스키 문자이다. Yacc에서 사용되는 토큰 유형(터미널 기호)은 아래와 같다.

- %token, %left, %right 으로 정의된 토큰
- 생성규칙에서 직접 사용된 아스키 문자

7.2 Yacc를 이용한 구문 분석

생성규칙을 기술하는 Yacc 입력 파일은 그 구조가 Lex의 입력 파일과 매우 유사하며, 가장 큰 차이점은 규칙부에서 정규식 대신에 생성규칙을 기술한다는 점이다. Yacc도 Lex와 마찬가지로 규칙부에서 생성규칙이 적용되면 실행할 C 언어 문장들을 액션 코드를 기술한다. Yacc의 이러한 기능은 CFG 문법으로 기술되는 구문 구조(syntactic structure)를 인식해야 하는 응용 분야의 문제들을 해결하는데 매우 유용하게 사용된다.

계산기(calculator)와 같이 수식 연산을 행하는 경우에는 목적 코드를 생성하지 않고 바로 실행하는 인터프리터 형태로 작동하기 때문에 직접 연산을 수행하여 그 연산 결과를 출력할 수도 있다.

```
exp: exp '+' exp      { $$ = $1 + $3; }
        | NUMBER  { $$ = $1; }
```

그러나 BASIC, LISP, PROLOG 등 고급 언어 인터프리터를 구현할 때는 조건문과 반복문 등 구조화된 문장이 여러 개의 생성규칙으로 기술되기 때문에 구조화된 문장을 처리하는 방법이 고려되어야 한다.

파싱 결과를 목적 코드로 생성하는 가장 단순한 방법은 각 생성규칙마다 이에 해당하는 목적 코드를 출력하는 것이다. 아래 Yacc의 입력 파일 예제는 덧셈 연산에 대한 스택 기계용 목적 코드를 출력하는 예이다.

```
exp: exp '+' exp      { printf("add\n"); }
        | NUMBER  { printf("push %d\n", yylval); }
```

입력 문장이 100 + 200 + 300 이라면 우단 유도는 아래와 같다.

```
exp  => exp + exp          (exp -> exp + exp)
     => exp + 300          (exp -> 300)
     => exp + exp + 300    (exp -> exp + exp)
     => exp + 200 + 300    (exp -> 200)
     => 100 + 200 + 300    (exp -> 100)
```

Yacc는 우단 역유도 방식을 취하므로 right parse에 의해 각 생성규칙이 적용될 때마다 생성되는 목적 코드는 아래와 같다.

```
push 100
push 200
add
push 300
add
```

일반적인 컴파일러의 파싱 결과는 입력 문장의 구문 구조를 파스 트리 형태로 구성하는 것이다.

7.3 파스 트리 생성 방법

입력 문장에 대한 파서의 구문 분석 결과는 파스 트리(parse tree)로 생성한다. 파스 트리 생성을 위한 자료 구조는 트리 구조(tree structure)를 표현하는 자료 구조이므로 linked list 타입으로 구현할 수 있다. 일반적인 범용 트리 구조를 구현하는 방법은 범용 트리 구조를 이진 트리 형태로 저장하는 것이며 이진 트리 구조를 정의한 예는 다음과 같다.

```
struct NODE {
        NODE *down;  // first child에 대한 포인터
        NODE *right;  // 2nd - last child 연결
        int data;
};
```

파싱 결과를 파스 트리로 구성할 때 Yacc의 규칙부에서 액션 코드 부분은 아래와 같은 방법으로 새로운 노드를 생성하고 생성규칙에 따라 sub-tree를 구성하는 방식으로 파스 트리를 생성한다.

```
exp: exp '+' exp        {
                $$.node = get_newnode();
                $1.node를 $$.node의 first child로 연결
                tnode = build_node('+');
                tnode를  $$.node의 second child로 연결
                $3.node를 $$.node의 third child로 연결
        }
        | NUMBER        {
                tnode = build_node(NUMBER);
                $$.node = get_newnode();
                tnode를 $$.node의 first child로 연결
        }
```

7.4 심볼 테이블 구성

변수명, 상수명, 함수명 등 명칭들은 각 유형에 따라 속성이 다양하다. 배열의 경우 차원수, 인덱스 허용 범위, 데이터 타입 등의 속성이 있다. 비지역 변수(non-local variable)는 블록 구조 내에서 그 변수가 정의된 블록을 찾아가야 할 필요성에 의해 각 명칭들에 대한 정보를 수집하고 관리해야 한다. 전단부 분석 단계에서 수집된 각 명칭들에 대한 속성은 후단부에서 목적 코드를 생성할 때 제약 조건 검사 및 코드 생성에 활용된다.

변수에 대한 심볼 테이블 내용은 type, 변수 유형(전역 변수, 지역 변수 등), scope 등이다. 배열은 차원수, 첨자 허용 범위, 데이터 타입 등이 있고, 구조체 변수는 각 field의 변수명과 타입 등이 있다. 함수는 인자 개수, 각 인자의 속성, return type 등이 심볼 테이블에 기술되어야 한다.

심볼 테이블 구성과 관련 세부적인 내용은 다음과 같다.

- 각 명칭들에 대한 속성 정보 수집
- 블록 구조 언어에서 비지역 변수들의 엑세스 방법
- 심볼 테이블 탐색 알고리즘

심볼 테이블 관리와 관련하여 특정 블록에서 가시적인 변수(visible variable)와 비가시적인 변수(invisible variable)를 구분하여 액세스할 수 있어야 한다. 블록 구조 언어에서는 중첩된 블록에서 각각 변수 선언이 가능하므로 동일한 명칭의 변수들이 각 블록에 선언될 수 있다. 특정 블록에서 사용된 변수 i가 해당 블록에서 선언된 변수를 참조하도록 해야 하며, 그 블록에서 선언되지 않은 변수는 비지역 변수로 간주되어 바깥 블록 링크를 추적하여 그 변수의 속성을 찾아갈 수 있게 해야 한다.

심볼 테이블을 탐색하는 방법은 선형 탐색(linear search), 이진 탐색(binary search), 해시(hash) 테이블 탐색 등이 가능하다. 컴파일 과정에서 심볼 테이블을 참조하는 일이 빈번하게 발생하므로 탐색 속도가 빠른 알고리즘으로 구현되어야 할 것이다.

7.5 오류 처리 기능

컴파일러의 각 단계에서 오류가 발생할 수 있으며 오류가 발생한 경우에는 오류가 발생한 정확한 위치 및 오류 유형에 대하여 오류 수정에 도움이 되는 구체적인 메시지를 출력해야 한다. 예를 들어, 어떤 변수를 선언하지 않았을 때 이 변수가 사용된 모든 문장을 오류라고 판단하면 곤란하다. 컴파일러 각 단계에서는 다양한 유형의 오류가 발생하는데 오류 메시지가 오류를 수정하는데 도움이 될 수 있도록 구체적으로 오류 메시지를 생성해야 할 것이다. 어휘 분석 단계에서 발생하는 오류들을 오류 발생 원인에 따라 분류하면 다음과 같다.

- 삽입 오류(insertion error)
- 삭제 오류(deletion error)
- 교체 오류(substitution error)
- 자리바꿈 오류(transposition error)

삽입 오류는 불필요한 문자가 삽입되는 경우이고, 삭제 오류는 한 문자가 누락된 경우이다. 교체 오류는 int 대신에 imt를 입력한 것처럼 의도했던 문자 대신에 다른 문자로 잘못 입력하는 경우에 발생하며, 자리바꿈 오류는 swtich와 같이 앞뒤 문자를 바꿔서 입력할 경우에 발생한다. 이러한 어휘 분석 단계에서 정의되지 않은 토큰이 발견되면 어휘 분석 단계에서 오류 발견이 가능하다. 예를 들어, '123a' 라는 토큰이 인식되었다면 이러한 유형의 토큰이 허용되지 않으므로 어휘 분석 단계에서 오류를 탐지하고 오류 메시지를 출력할 수 있다. 그러나 'int i;'를 'itn i;'라고 잘못 입력했다면 어휘 분석기는 'itn'을 명칭으로 인식하게 되므로 어휘 분석 단계에서는 오류를 발견하지 못할 것이다.

대부분의 오류는 구문 분석 단계에서 발생하는 구문 오류(syntax error)이다. 구문 분석기는 첫 번째 구문 오류를 발견했을 때 생성규칙을 적용할 수 없으므로 더 이상 파싱을 진행하지 못하고 "syntax error" 메시지를 출력하고 파싱을 중단하게 된다. 이러한 방식으로 구문 분석을 하는 컴파일러는 첫 번째 오류가 발생했을 때 더 이상 파싱을 진행하지 못하고 중단하게 될 것이다. 컴파일할 때마다 한번에 오류를 1개씩 발견하고 컴파일을 중단한다면 오류를 1개 수정한 후에 다시 컴파일을 해야 하는 번거로운 문제점이 발생한다.

컴파일러의 오류 처리 루틴은 아래와 같은 기능들로 구성된다.

- 오류 수정에 도움이 되는 구체적인 오류 메시지 작성 방법
- 가급적 한 번의 컴파일로 모든 오류들을 발견
- 특정 오류가 2차적인 오류를 발생하지 않도록 함

프로그램 개발자는 컴파일러가 한 번의 컴파일에 의해 모든 오류를 발견해 주기를 원하기 때문에 컴파일러는 입력 소스 파일에 다수의 오류가 포함되어 있을 때 가급적 한꺼번에 모든 오류를 발견하여 오류를 수정하는데 불필요한 시간을 낭비하지 않도록 해야 한다. 그런데 파싱 과정에서 오류가 발생했다는 것은 현재 상태에서 입력 심벌에 대해 파싱표를 탐색했을 때 shift 혹은 reduce 연산이 지정되지 않은 파싱표의 빈곳을 만났다는 것을 의미한다. 파싱 과정에서 파싱표의 빈곳을 만나게 되면 파서는 더 이상 파싱을 진행할 수가 없으며, 이 상태에서는 파서가 두 번째, 세 번째 오류들을 한꺼번에 발견할 수가 없다.

파싱 과정에서 오류가 발생했다고 하더라도 계속해서 파싱을 진행하여 그 다음 오류를 발견하려면 오류 메시지 출력 후에 첫 번째 오류를 자동으로 복구하여 정상적으로 파싱을 계속할 수 있도록 해야 한다. 컴파일러가 오류를 자동으로 복구하는 자동 오류 복구 루틴(automatic error recovery routine)은 크게 두 가지 작업을 한다. 하나는 스택의 내용을 적당히 변경시키거나 오류가 발생한 부분을 제거하는 것이고, 다른 하나는 입력 버퍼에서 오류 발생 부분을 변경하거나 제거함으로써 오류 발생 부분을 건너뛰는 것이다. 오류 복구 과정은 정상적으로 파싱을 진행하는 parsing mode와는 별개의 처리 과정이므로 panic mode라고 한다.

오류 메시지를 구체적으로 자세하게 생성하려면 파싱표의 빈곳에 오류의 유형을 기술하고, 각 오류 유형에 적합한 오류 메시지를 생성한다.

7.6 코드 최적화

코드 최적화(code optimization)는 컴파일러가 생성한 목적 코드의 실행 효율을 최대화하기 위한 것이다. 기계적인 방법으로 고급 언어 문장을 컴파일을 하게 되면 불필요한 명령어가 추가되는 경우가 많다. 예를 들어, X=A+B를 컴파일하여 어셈블리어로 생성한 예는 다음과 같다.

```
load r1, A
load r2, B
add r1, r2
store r1, X
```

따라서 X=A+B+C는 A+B의 덧셈 결과를 임시 변수에 저장한 후에 이 임시 변수와 C를 더해 주는 방식으로 목적 코드를 생성할 것이다.

```
load r1, A
load r2, B
add r1, r2
store r1, TEMP
load r1, TEMP
load r2, C
add r1, r2
store r1, X
```

위 예에서 밑줄친 두 개의 명령어 store와 load는 불필요한 명령어이므로 제거해도 된다. 컴파일러는 고급 언어 문장에 대해 기계적으로 목적 코드를 생성하기 때문에 목적 코드에는 이와 같은 비효율적인 코드가 다수 포함될 수 있다.

효율적인 목적 코드를 생성하기 위한 다른 기법으로 단위 연산 시간이 긴 명령어를 연산 시간이 짧은 명령으로 대치하는 방법이 있다. 예를 들어, 곱셈 연산은 덧셈보다 연산 속도가 많이 느리므로 2*3은 2+2+2로 두 개의 덧셈 연산으로 대치함으로써 효율을 높일 수 있다. 이보다 더 좋은 방법은 2*3을 교환법칙에 의해 3*2로 다시 쓰고, 이에 대해 3+3에 대한 명령어를 생성하는 것이다. 또한, a*2n과 같이 2의 배수에 대한 곱셈과 나눗셈은 shift 연산으로 대치함으로써 연산 효율을 증가시킬 수 있다. 이처럼 연산 강도가 높은 명령을 연산 강도가 낮은 연산으로 대치하는 최적화 기법을 strength reduction이라고 한다.

효율적인 코드를 생성하는데 가장 많은 영향을 미치는 부분은 반복문내에서의 최적화 문제이다. n번 반복하는 반복문 내에서 1개의 불필요한 명령을 제거했다면 이는 불필요한 명령 n개를 제거한 것과 동일한 효과를 얻을 수 있기 때문이다. 반복문 내에서 동일한 결과로 계산되는 문장은 반복문 밖에서 계산함으로써 n번의 계산을 1번 계산으로 최적화할 수 있는데 이러한 문장을 루프 불변(loop invariant) 문장이라고 한다.

```
for (i=0; i < n; i++)
        a[i] = b + i + 1;
```

위 for문은 아래와 같이 변형함으로써 덧셈 연산을 n번 줄이는 효과가 있다.

```
tmp = b + 1;
for (i=0; i < n; i++)
        a[i] = temp + i;
```

배열 a[i] 위치에 저장된 데이터를 읽어오려면 "배열의 a의 시작주소" + i * 4 와 같이 곱셈 연산이 필요하다. 반복문으로 빈번하게 사용하는 것이 배열의 모든 값을 더하는 경우와 같이 배열의 모든 원소들을 순서대로 읽어올 때는 a[i]의 주소를 계산할 때 곱셈 연산을 하지 않아도 된다. “a[i]의 주소” 는 “a[i-1]의 주소” + 4 와 같이 계산할 수 있기 때문이다.

```
sum = 0;
for (i=0; i < n; i++)
        sum = sum + a[i];
```

7.7 중간 언어의 표현 방식

각 하드웨어 플랫폼마다 기계어 유형이 다른데 각 기계어 유형들의 중간적인 형태의 중간 언어로 사용되는 유형은 다음과 같다.

- 가상 기계(abstract machine) 코드

- 트리 구조(tree-structured) 코드
- n-tuple 방식

가상 기계 코드는 가상의 기계에서 실행되는 코드로서 일반적으로 스택 기계(stack machine)를 가상의 기계로 사용한다. 가상 기계 코드를 사용한 예로는 Pascal 컴파일러를 제작할 때 사용한 P-code, U-code, EM-code 등이 있다. 스택 기반 가상 기계의 대표적인 예가 자바 가상 기계(JVM: Java Virtual Machine)이다. 자바의 바이트 코드는 기계 독립적인 환경에서 JVM이 설치된 모든 플랫폼에서 실행이 가능하다.

트리 구조 코드는 파스 트리에서 목적 코드를 생성하는데 불필요한 논터미널을 제거하고 연산자에 해당하는 터미널을 부모 노드로 하고 피연산자에 해당하는 터미널들을 자식 노드로 구성하는 것이다. 파싱 결과를 생성할 때 추상 구문 트리(AST: Abstract Syntax Tree)로 생성하는 방법이다. 트리 구조 코드는 CMU의 컴파일러-컴파일러 프로젝트에서 사용한 TCOL(Tree structured COmmon Language)과 Ada 컴파일러를 구현할 때 사용한 Diana(Descriptive Intermediate Attribute Notation for Ada)가 대표적이다.

n-tuple 방식의 중간 언어는 피연산자 개수에 따라 triple 코드와 quadruple 코드로 구현된다. Triple 코드는 (op, operand-1, operand-2) 형태로 구성되고, quadruple 코드는 (op, operand-1, operand-2, result) 형태로 구성된다. GNU에서 제작한 C/C++ 컴파일러는 RTL(Register Transfer Language)라는 중간 언어를 사용하는데 이 중간 언어가 n-tuple 방식에 속한다.

제 2 부

컴파일러와 오토마타 실습

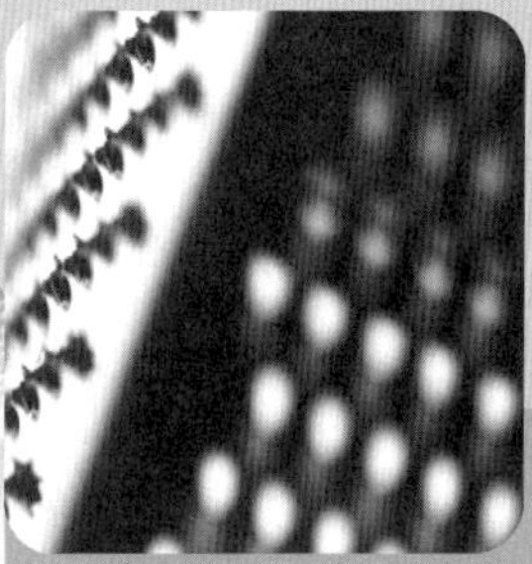

강 승 식

제1장 언어 인식 및 생성

언어 기술 방법에는 문법과 오토마타가 있다. 문법은 언어 생성(language generation) 시스템이고 오토마타는 언어 인식(language recognition) 시스템이다. 언어 생성 시스템인 문법은 특정 입력 스트링이 주어졌을 때 주어진 문법에 의해 입력 스트링을 생성하는 과정을 보여 주며, 언어 인식 시스템인 오토마타는 입력 스트링을 인식하는 과정을 단계별로 보여 주는 시스템이다.

언어와 문법은 미국의 저명한 언어학자로 MIT 언어학과 교수였던 촘스키(Noam Chomsky)에 의하여 4가지 유형으로 분류되고 있으며, 오토마타는 그 복잡도에 따라서 그 문법 유형에 해당하는 오토마타가 정의된다. 오토마타는 문법 형식에 따라 기술된 언어를 인식하는 소프트웨어를 구현하는 방법에 관한 이론적인 모델이다.

Type	명칭	생성규칙
0	Unrestricted Grammar	$\alpha \rightarrow \beta$ α, β는 터미널/논터미널 스트링, α는 empty 스트링이 될 수 없다.
1	Context Sensitive Grammar	$\alpha \rightarrow \beta$, 단 $\|\alpha\| \leq \|\beta\|$
2	Context Free Grammar	$A \rightarrow \alpha$ A는 논터미널, α는 터미널/논터미널 스트링
3	Regular Grammar	A → Bt 또는 A → tB A, B는 논터미널, t는 터미널 스트링

임의의 문법이 주어졌을 때 그 문법으로 생성될 수 있는 스트링을 인식하는 간단한 프로그램을 작성해 보자.

1.1 언어 인식 프로그램

정규 문법은 생성규칙의 좌측(LHS)이 논터미널(nonterminal) 1개로 구성되고, 우측(RHS)은 논터미널과 터미널 스트링(terminal string)이 아래 조건을 만족하는 문법이다. 각 생성규칙의 논터미널 위치가 오른쪽 끝인지, 왼쪽 끝인지에 따라 우선형 문법(Right-Linear Grammar)과 좌선형 문법(Left-Linear Grammar)으로 구분된다.

우선형 문법 :	$A \rightarrow tB$, $A \rightarrow t$
좌선형 문법 :	$A \rightarrow Bt$, $A \rightarrow t$

정규 문법으로 기술된 언어를 인식하는 프로그램을 작성해 보자.

1. 각 터미널에 대하여 함수를 작성한다. 이 함수는 입력 스트링의 현재 위치에 이 터미널 기호가 있는지 여부를 확인한다.
2. 각 논터미널에 대하여 함수를 작성한다. 이 함수는 생성규칙의 RHS에 기술된 터미널 혹은 논터미널에 대해 각 터미널/논터미널에 대한 함수를 호출하도록 한다.

1.1.1 언어 인식 프로그램 실습 1

$G_1 = (\{O, E\}, \{a, b\}, P, O)$,

$P: O \rightarrow a \mid bE$

$E \rightarrow aO$

문법 G_1 으로 기술된 언어를 인식하는 프로그램.

g1.c

```
#include <stdio.h>
/*
        G = ({O, E}, {a}, P, O),
        P: O -> a  | bE
           E -> aO
*/
#define END '₩n'
char ch;
int errflag = 0;

void error() {
        if (!errflag) {
                puts("FAIL");
                errflag = 1;
```

```
        }
}

void pa() {
        if (ch=='a')
                ch = getchar();
        else error();
}

void pb() {
        if (ch=='b')
                ch = getchar();
        else error();
}

void pE() {
        if (ch=='a') {
                pa(); pO();
        } else error();
}

void pO() {
        if (ch=='a') {
                pa();
        } else if (ch=='b') {
                pb(); pE();
        } else error();
}

void main() {
        ch = getchar();
        pO();
        if (!errflag && ch == END) puts("OK");
        else error();
}
```

1) 다음 데이터들을 입력하여 실습하시오.

```
a
ba
baa
baba
babaa
bababa
bababaa
```

2) 인식 가능한 스트링들의 유형을 잘 살펴보고 문법 G_1이 생성하는 언어는 무엇인지 생각해 보시오.

3) 위 문법은 O → a | baO 와 동일하다. 소스를 수정하여 이 문법을 구현하시오.

1.1.2 언어 인식 프로그램 실습 2

G_2 = ({S, A, B, C}, {a, b, c, d}, P, S),
P: S → aA
A → aA | bB
B → bB | cC
C → cC | d

문법 G_2로 기술되는 언어를 인식하는 프로그램.

g2.c

```
#include <stdio.h>
/*        G = ({S, A, B, C}, {a, b, c, d}, P, S),
          P : S -> aA
              A -> aA | bB
              B -> bB | cC
              C -> cC | d
*/
#define END '₩n'
char ch;
int errflag = 0;

void error() {
          if (!errflag){
                    puts("FAIL");
                    errflag = 1;
          }
}

void pa() {          // 터미널 a를 인식하는 함수
          if (ch=='a')
                    ch = getchar();
          else error();
}

// 터미널 b, c, d를 인식하는 함수는 터미널 a를 인식하는 함수 pa()와 동일한 방법으로 작성
void pb() { ... }
void pc() { ... }
void pd() { ... }

void pA() {
          switch (ch) {
          case 'a':
                    pa(); pA();
                    break;
          case 'b':
                    pb(); pB();
                    break;
          default:
                    error();
          }
}
```

```
void pB() {
        switch (ch) {
        case 'b':
                pb(); pB();
                break;
        case 'c':
                pc(); pC();
                break;
        default :
                error();
        }
}

void pC() {
        switch (ch) {
        case 'c':
                pc(); pC();
                break;
        case 'd':
                pd();
                break;
        default :
                error();
        }
}

void pS() {
        if (ch=='a') {
                pa(); pA();
        } else error();
}

void main() {
        ch = getchar();
        pS();
        if (!errflag && ch==END) puts("OK");
        else error();
}
```

1) 아래 스트링들을 입력하여 실습하시오.

abcd

acbd

aabbccd

aaabbbbbcccccd

abbbbbbaaaad

aabcccd

aaabcd

abbbcd

abccccd

2) 인식 가능한 스트링들의 유형을 잘 살펴보고 문법 G_2가 생성하는 언어는 무엇인지 생각해 보시오.

1.1.3 언어 인식 프로그램 실습 3

아래 문법으로 기술되는 언어를 인식하는 프로그램을 작성하시오.

G_3 = ({S, A}, {a, b, c}, P, S),

P : S → bA | c

A → aA | b

1) 위 언어를 인식하는 프로그램을 작성하시오.

2) 작성한 프로그램이 아래 스트링들을 인식하는지 확인하시오.

c
bb
bab
bac
babc
baaaab

1.1.4 언어 인식 프로그램 실습 4

아래 언어를 인식하는 프로그램을 작성하시오.

L = { 0, 1, 00, 01, 10, 11, 000, 001, 010, 011, 100, ... }

언어 L은 모든 이진수 스트링들의 집합

L = $\{ 0, 1 \}^+$

---

1) 위 언어를 기술하는 정규 문법을 작성하시오.

A. 우선형 문법

B. 좌선형 문법

2) 작성한 정규 문법을 이용하여 언어를 인식하는 프로그램을 작성하시오.

3) 아래 스트링들을 입력하여 실습하시오.

0

1

00000

11111

01010101

000111000111

// 개행 문자만 입력해보고, "FAIL"이 출력되는지 확인할 것.

1.1.5 언어 인식 프로그램 실습 5

1) 아래 문법으로 기술되는 언어를 인식하는 프로그램을 작성하시오.

G_4 = ({S, A}, {a, b, c}, P, S),

P : S → aSbA | c

A → aAa | b

2) 작성한 프로그램이 아래 스트링을 인식하는지 확인하시오.

acbb
aacbb
aacbbbb
aacbbaba
aacbbaa

3) 위 문법이 기술하는 언어는 어떤 언어인지 설명하시오.

1.1.6 언어 인식 프로그램 실습 6

앞에서 실습하거나 직접 작성한 프로그램의 입력을 getchar() 대신에 스트링을 한꺼번에 문자 배열에 읽어들인 후에 한 문자씩 가져다가 처리하도록 수정하시오.

<참고 1> A → aA | aB 와 같이 동일한 터미널로 시작되는 생성규칙에 대해 언어 인식 프로그램을 작성하는 방법은 무엇인지 생각해 보시오.

<참고 2> 논터미널로 시작되는 생성규칙이 포함된 문법에 대한 언어 인식 프로그램을 작성하는 방법은 무엇인지 생각해 보시오.

1.2 언어 생성 프로그램

주어진 CFG 문법으로 생성되는 스트링을 출력하는 프로그램을 작성하여 보자.

G_5 = ({S, A}, {a, b}, P, S),
P : S → aAb
A → aS
A → b

문법 G_5에 대하여 언어 생성하는 프로그램.

g5.c

```
/*
        LGS(Language Generating System) for CFG.
        CFG should be described in 'expand()'.
*/

#include <stdio.h>
#include <string.h>
#include <ctype.h>
#include <stdlib.h>

#define MAX 999

int top=0;
char *stack[MAX];

void push(char *s) {
        if (top >= MAX-1) {
                puts("STACK OVERFLOW!");
                return;
        }

/*
        printf("STACK[%d] = %s₩n", top, s);
*/
        stack[top] = (char *) malloc(strlen(s)+1);
        strcpy(stack[top++], s);
}

char *pop() {
        return stack[--top];
}

int is_stack_empty() {
        return (top <= 0);
}

/*
        maximum 'n' strings are generated.
*/
int expand(char *s, int n)
```

```
{
	char *p=s;
	char *temp, *pt;  /* temp -- expanded string */

	temp = (char *) malloc(strlen(s)+99);
	pt = temp;

	while (*p) {
		if (isupper(*p)) break;
		*pt++ = *p++;
	}		/* '*p' is a leftmost nonterminal */
	if (*p == '₩0') {  /* no nonterminal */
		printf("STRING: %s₩n", s);
		return n-1;
	}

	switch (*p) {
	case 'S': /* S --> aAb */
		*pt = '₩0';
		strcat(pt, "aAb");
		strcat(pt, p+1);
		push(temp);
		break;
	case 'A': /* A --> aS, A --> b */
		*pt = '₩0';
		strcat(pt, "aS");
		strcat(pt, p+1);
		push(temp);

		*pt = '₩0';
		strcat(pt, "b");
		strcat(pt, p+1);
		push(temp);
		break;
	}

	free(temp);
	return n;
}

void main() {
	char *sform;
	int n=20;		/* max. 'n' strings are generated */

	push("S");		/* initialize stack by start symbol 'S' */
	while (n && !is_stack_empty()) {
		sform = pop();
		n = expand(sform, n);
		free(sform);
	}
}
```

1) 문법 G_5에 대한 프로그램의 출력 결과를 확인하시오.

2) 함수 expand()에 포함되어 있는 문법을 데이터 파일에서 읽어서 처리하도록 수정하고자 한다.

구현하고자 하는 문법을 텍스트 파일 grammar.txt에 아래와 같이 작성하시오.

```
;
; [주의사항]
;         1. Start symbol is an LHS of the first production rule
;         2. '@'은 epsilon 을 의미함.
;
; <참고> 첫 문자가 ';'으로 시작되는 line 은 무시함(comment 로 간주).
;          즉, 첫 문자가 ';'가 아닌 line 의 생성규칙들만 읽어 들임.
;
;--------------------------------
; CFG 1
;--------------------------------
E -> a
E -> E + E
E -> E - E
E -> E * E
E -> E / E
;--------------------------------
; CFG 2
;--------------------------------
;S -> bAS
;S -> aSA
;S -> b
;A -> AbS
;A -> SaS
;A -> a
;
;--------------------------------
; CFG 3
;--------------------------------
;S -> aA
;S -> bB
;S -> @
;A -> aS
;A -> a
;B -> bS
;B -> @
;
;--------------------------------
; CFG 4
;--------------------------------
;A -> aA
;A -> bB
;A -> a
;B -> b
;B -> bB
```

```
;
;---------------------------------
; CFG 5
;---------------------------------
;S -> aA0
;S -> bB1
;A -> aA0
;A -> aA
;A -> @
;B -> bB1
;B -> B1
;B -> @
;
;---------------------------------
; CFG 6
;---------------------------------
;S -> abR
;S -> c
;R -> Sba
;R -> d
;
;---------------------------------
; CFG 7
;---------------------------------
;S -> aAb
;S -> Sb
;A -> cS
;A -> d
```

3) 위 2)에서 작성한 grammar.txt에 기술된 문법을 아래 자료구조로 읽어들이는 프로그램을 작성하시오.

```
char lhs[MAX];
char rhs[MAX][20];
```

4) 위3)의 자료구조를 이용하여 임의의 문장형태에 대해 가장 왼쪽 논터미널(leftmost nonterminal)을 해당 생성규칙의 RHS로 교체하여 확장된 문장형태를 출력하시오.

예) aAS 의 'A'를 각각 'SbA', 'SS', 'ba'로 대치하여 출력함.

5) 위 3)에서 생성규칙을 load할 때 동일 LHS에 대해 논터미널 개수가 많은 것부터 적은 순서(논터미널 개수가 같을 때는 길이가 긴 것 우선)로 저장하도록 하시오.

<참고> 스트링 생성할 때 생성규칙의 저장 순서와 무관하게 항상 길이가 짧은 것부터 긴 순서로 출력하도록 하기 위한 것임.

<참고> 문법을 확장할 때 무한 루프에 빠지는 문제가 발생할 수 있다. 어떤 경우에 그렇게 되는지 생각해 보시오.

6) 문법 생성 프로그램이 항상 길이가 짧은 스트링부터 긴 스트링 순서로 생성하고자 한다. 함수 pop() 을 어떻게 수정하면 되는지 생각해 보시오.

7) 정수 n을 입력하여 스트링의 길이가 n 이하인 모든 스트링을 출력하도록 프로그램을 수정하시오.

제2장 유한 오토마타 구성

정규 언어(regular language)는 어휘 분석기가 인식하는 토큰의 유형을 기술하는 언어이다. 정규 언어를 기술하는 방법으로는 정규 문법(regular grammar), 정규식(regular expression), 유한 오토마타(finite automata)가 있다.

정규 문법은 해당 언어에 속하는 스트링들의 내부 구조를 기술하는데 사용되며, 정규식은 스트링 유형이 무엇인지 쉽게 알 수 있도록 표현한 것이다. 유한 오토마타는 정규 문법에 대한 언어 인식 시스템으로 언어 인식기를 구현하는데 사용된다. 정규 문법, 정규 표현, 유한 오토마타는 서로 변환이 가능하다. 아래 실선 화살표로 표시한 부분은 상호 직접 변환이 가능하고, 점선 화살표로 표시한 부분은 직접 변환은 안되지만 간접 변환이 가능한 것이다.

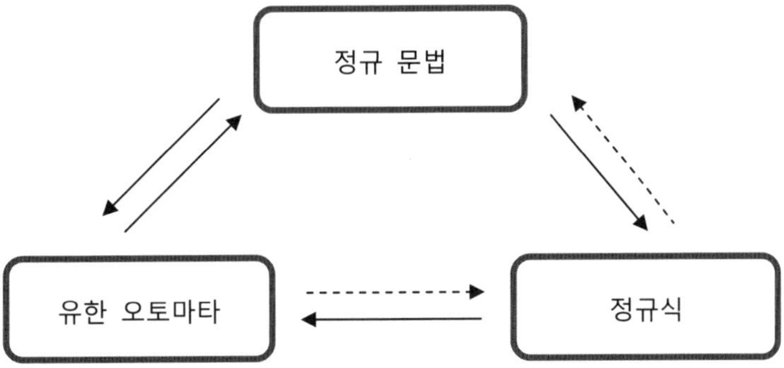

그림 2.1 정규 언어 기술 방법 및 상호 변환

정규식을 유한 오토마타로 변환하는 방법과 유한 오토마타를 작성하는 방법을 알아보자.

2.1 DFA를 인식하는 프로그램

DFA 구현 방법

1. 현재 상태(current state)를 DFA의 시작 상태로 초기화한다.
2. 입력 심벌을 읽어온다.
3. 현재 상태에서 입력 심벌에 대한 다음 상태(next state)를 구한다.
4. 더 이상 입력이 존재하지 않을 때까지 과정 2, 3을 반복한다.
5. 종결 상태(final state)에 속하는 상태에서 끝났으면 입력 스트링을 인식(accept)한다.

아래 DFA에 대한 언어 인식 프로그램을 작성하고자 한다.

– 상태전이도:

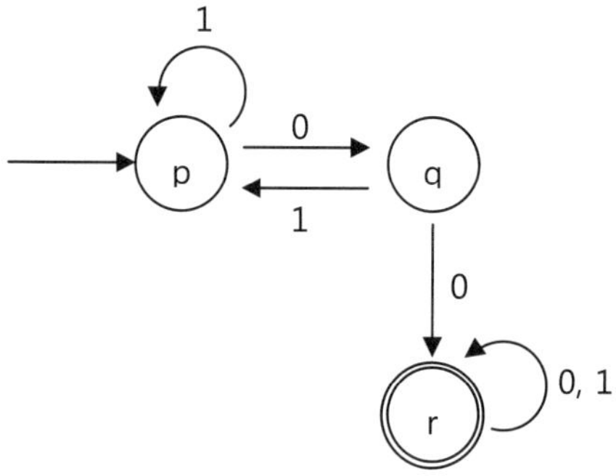

– 상태전이표:

δ	0	1
P	q	p
q	r	p
r	r	r

상태전이표는 각 상태에서 입력 심벌에 대해 다음 상태를 표시한다. 세로 부분의 행(column)에 각 상태를 나열하고 가로 부분의 열(row)에는 입력 심벌을 나열한다.
아래 소스 코드에서 배열 ST_TAB은 오토마타의 상태전이표를 정수 2차원 배열로 구현한 것이다.

DFA.c

```
/*
        Simple DFA recognition program.
*/
#include <stdio.h>

#define STATES      3       /* number of states */
#define SYMBOLS     2       /* number of symbols */

/*
        State Transition Table
*/
int ST_TAB[STATES][SYMBOLS] = {
        /* state p */    { 1, 0 },
        /* state q */    { 2, 0 },
        /* state r */    { 2, 2 }
};

void put_table(int tab[][SYMBOLS], int m, int n)
{
        int i;

        puts("State Transition Table");
        puts("\t0\t1");
        for (i = 0; i < m; i++)
                printf("%c\t%c\t%c\n", 'A'+i, 'A'+tab[i][0], 'A'+tab[i][1]);
}

void main()
{
        int ch;   /* input symbol */
        int cur_state=0;   /* start state */

        put_table(ST_TAB, STATES, SYMBOLS);

        ch = getchar();
        while (ch != '\n') {
                cur_state = ST_TAB[cur_state][ch-'0'];
                if (cur_state < 0) { puts("FAIL"); return; }
                ch = getchar();
        }

        if (cur_state == 2) puts("OK");      /* final states = { 2 } */
        else puts("FAIL");
}
```

1) 위 DFA 프로그램이 아래 스트링들을 인식하는지 확인하시오.

00
001
1001
1111110
1111100

2) DFA 소스의 상태전이표 ST_TAB를 수정하여 아래 오토마타를 인식하도록 하시오.

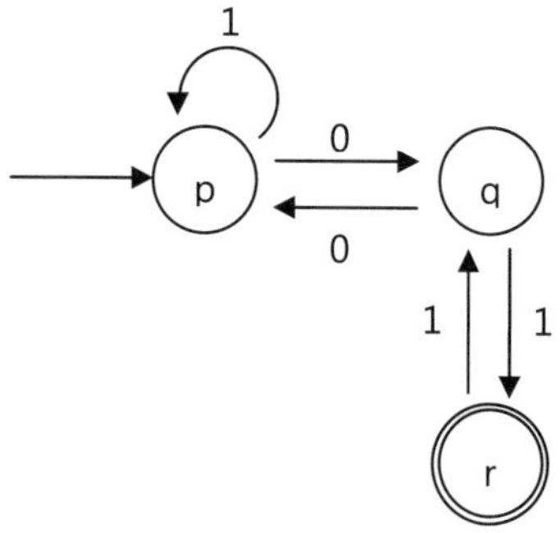

δ	0	1
P	q	p
q	p	r
r		q

3) 수정한 DFA 프로그램이 인식하는 스트링들을 입력하여 결과를 확인하시오.

4) 상태전이표를 아래 DFA에 대한 것으로 교체하여 실습하시오.

δ	a	b
S	A	
A	E	F
E	E	H
F	D	G
H	D	H
D		C
G		H
C	D	

Final states = { C, D, F, G, H }

5) DFA의 상태전이표를 아래와 같이 데이터 파일 dfa.txt에 저장된 것을 읽어오도록 수정하시오.

```
;------------------------------------------
; DFA 를 데이터 파일로 표현
;------------------------------------------
Terminals: ab
Nonterminals: SAEFHDGC
Final states: CDFGH
S A _
A E F
E E H
F D G
H D H
D _ C
G _ H
C D _
```

6) DFA를 기술하는 데이터 파일 dfa.txt를 2)의 DFA로 교체하여 실습하시오.

```
Terminals: 01
Nonterminals: pqr
Final states: r
p q p
q p r
r _ q
```

2.2 NFA를 DFA로 변환하는 프로그램

NFA를 DFA로 변환하는 방법

1. NFA 의 시작 상태를 DFA 의 시작 상태로 한다.
2. 각 상태에서 각 입력 심벌에 대한 다음 상태를 구한다.
3. 2.에서 구해진 다음 상태가 이미 만들어진 상태라면 지시선을 연결하고, 새로운 상태이면 새로운 상태를 만들어 추가한 후에 지시선을 연결한다.
4. 과정 2, 3 을 반복하여 새로운 상태가 추가되지 않을 때까지 계속한다.

2.2.1 자료구조

```
// NFA를 DFA로 변환하는데 필요한 자료구조
#define STATES          256
#define SYMBOLS         20

int N_symbols;    /* number of input symbols */
int NFA_states;   /* number of NFA states */
char *NFAtab[STATES][SYMBOLS];

int DFA_states;   /* number of DFA states */
int DFAtab[STATES][SYMBOLS];
```

2.2.2 main() 함수

1. NFA의 상태전이표 입력
2. NFA를 DFA로 변환
3. DFA의 상태전이표 출력

```
// main() 함수
void main()
{
        init_NFA_table();
        DFA_states = nfa_to_dfa(NFAtab, NFA_states, N_symbols, DFAtab);
        put_DFA_table(DFAtab, DFA_states, N_symbols);
}
```

2.2.3 NFA 상태전이표 초기화

```
// NFA의 상태전이표 입력 및 초기화
/*
        Initialize NFA table.
*/
void init_NFA_table()
{
```

```
        NFAtab[0][0] = "12";
        NFAtab[0][1] = "13";
        NFAtab[1][0] = "12";
        NFAtab[1][1] = "13";
        NFAtab[2][0] = "4";
        NFAtab[2][1] = "";
        NFAtab[3][0] = "";
        NFAtab[3][1] = "4";
        NFAtab[4][0] = "4";
        NFAtab[4][1] = "4";

        NFA_states = 5;
        DFA_states = 0;
        N_symbols = 2;
}
```

2.2.4 NFA를 DFA로 변환

// nfa_to_dfa()

```
/*
        String 't' is merged into 's' in an alphabetical order.
*/
void string_merge(char *s, char *t)
{
        char temp[STATES], *r=temp, *p=s;

        while (*p && *t) {
                if (*p == *t) {
                        *r++ = *p++; t++;
                } else if (*p < *t) {
                        *r++ = *p++;
                } else
                        *r++ = *t++;
        }
        *r = '₩0';

        if (*p) strcat(r, p);
        else if (*t) strcat(r, t);

        strcpy(s, temp);
}

/*
        Get next-state string for current-state string.
        (state 스트링이므로 각 state에 대해 nextstate를 merge)
*/
void get_next_state(char *nextstates, char *cur_states,
        char *nfa[STATES][SYMBOLS], int n_nfa, int symbol)
{
        int i;
        char temp[STATES];

        temp[0] = '₩0';
        for (i = 0; i < strlen(cur_states); i++)
```

```
			string_merge(temp, nfa[cur_states[i]-'0'][symbol]);
		strcpy(nextstates, temp);
}

/*
		statename 테이블에서 'state'를 찾아 index를 return.
		'state'가 테이블에 없으면 끝에 추가하고 index를 return.
*/
int state_index(char *state, char statename[][STATES], int *pn)
{
		int i;

		if (!*state) return -1;		/* no next state */

		for (i = 0; i < *pn; i++)
			if (!strcmp(state, statename[i])) return i;

		strcpy(statename[i], state); /* new state-name */
		return (*pn)++;
}

/*
		Convert NFA table to DFA table.
		Method:
			0. state-name이 스트링이므로 statename 테이블 이용
			   'n' -- statename[]에 등록된 state 개수
			1. DFA table의 entry 개수를 1로 초기화 및 statename에 추가
			2. statename[i]의 각 symbol들에 대해 nextstate 계산
			3. nextstate가 스트링이므로 statename의 index를 DFA에 넣음
		Return value: number of DFA states.
*/
int nfa_to_dfa(char *nfa[STATES][SYMBOLS], int n_nfa,
		int n_sym, int dfa[][SYMBOLS])
{
		char statename[STATES][STATES];
		int i = 0;/* current index of DFA */
		int n = 1;		/* number of DFA states */

		char nextstate[STATES];
		int j;

		strcpy(statename[0], "0");	/* start state */

		for (i = 0; i < n; i++) {	/* for each DFA state */
			for (j = 0; j < n_sym; j++) {		/* for each input symbol */
				get_next_state(nextstate, statename[i], nfa, n_nfa, j);
				dfa[i][j] = state_index(nextstate, statename, &n);
			}
		}

		return n;  /* number of DFA states */
}
```

2.2.5 DFA의 상태전이표 출력

```
// put_dfa_table()
/*
        Print state-transition table.
        State names: 'A', 'B', 'C', ...
*/
void put_DFA_table(
        int tab[][SYMBOLS],        /* DFA table */
        int nstates,        /* number of states */
        int nsymbols)       /* number of input symbols */
{
        int i, j;

        puts("STATE TRANSITION TABLE");

        /* input symbols: '0', '1', ... */
        printf("       | ");
        for (i = 0; i < nsymbols; i++) printf("   %c   ", '0'+i);

        printf("₩n-----+--");
        for (i = 0; i < nsymbols; i++) printf("-----");
        printf("₩n");

        for (i = 0; i < nstates; i++) {
                printf("   %c   | ", 'A'+i);     /* state */
                for (j = 0; j < nsymbols; j++)
                        printf("   %c   ", 'A'+tab[i][j]);
                printf("₩n");
        }
}
```

1) 함수 init_NFA_table()의 상태전이표를 보고 상태전이도를 그리시오.

2) init_NFA_table()의 상태전이표를 출력하는 함수 put_NFA_table()을 작성하시오.

<참고> 함수 put_DFA_table()

3) 상태전이도를 참고하여 임의의 데이터를 입력해보고 인식이 올바르게 되는지 실습하시오.

4) init_NFA_table()에 기술된 상태전이표 내용을 아래 NFA로 수정하여 실습하시오.

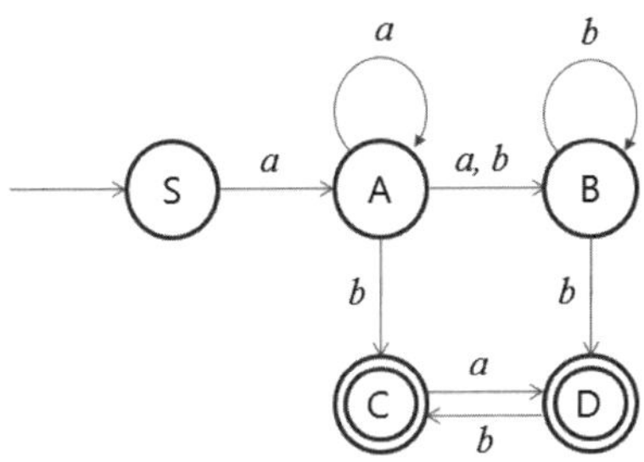

5) init_NFA_table() 대신에 데이터 파일 nfa.txt에 저장된 NFA를 읽어들이는 함수를 작성하시오.
   - 함수명: int get_NFA_table(char *fname)
   - 데이터 파일 nfa.txt --- 위 4)번 NFA 예제에 대한 NFA를 아래와 같이 기술

```
Terminals: ab
Nonterminals: SABCD
Final states: CD
(S, a) -> A
(A, a) -> AB
(A, b) -> BC
(B, b) -> BD
(C, a) -> D
(D, b) -> C
```

6) 소스 코드를 수정하여 epsilon NFA를 DFA로 변환하는 프로그램을 작성하시오.

2.3 DFA의 상태수 최소화

DFA의 상태수 최소화 방법

1. 상태들에 대하여 종결 상태와 미종결 상태 두 동치 관계를 구하여 초기 동치 그룹으로 설정한다.
2. 동일한 입력 심벌에 대하여 서로 다른 동치류로 이동하면 또 다른 분할을 하여 새로운 동치류를 설정한다.
3. 새로운 동치류로 분할되지 않을 때까지 과정 2를 반복한다.

2.3.1 자료구조

```
// dfa-opt 자료구조
#define STATES          99
#define SYMBOLS         20

int N_symbols;    /* number of input symbols */
int N_DFA_states; /* number of DFA states */
char *DFA_finals; /* final-state string */
int DFAtab[STATES][SYMBOLS];

char StateName[STATES][STATES+1];          /* state-name table */

int N_optDFA_states;        /* number of optimized DFA states */
int OptDFA[STATES][SYMBOLS];
char NEW_finals[STATES+1];
```

2.3.2 상태수 최소화 main() 함수

```
// 함수 main()
void main()
{
        load_DFA_table();
        print_dfa_table(DFAtab, N_DFA_states, N_symbols, DFA_finals);

        N_optDFA_states = optimize_DFA(DFAtab, N_DFA_states,
                             N_symbols, DFA_finals, StateName, OptDFA);
        get_NEW_finals(NEW_finals, DFA_finals, StateName, N_optDFA_states);

        print_dfa_table(OptDFA, N_optDFA_states, N_symbols, NEW_finals);
}
```

2.3.3 DFA의 상태전이표 입력 및 초기화

```
// 함수 load_DFA_table()
/*
	Initialize NFA table.
*/
void load_DFA_table()
{
	DFAtab[0][0] = 'B'; DFAtab[0][1] = 'C';
	DFAtab[1][0] = 'E'; DFAtab[1][1] = 'F';
	DFAtab[2][0] = 'A'; DFAtab[2][1] = 'A';
	DFAtab[3][0] = 'F'; DFAtab[3][1] = 'E';
	DFAtab[4][0] = 'D'; DFAtab[4][1] = 'F';
	DFAtab[5][0] = 'D'; DFAtab[5][1] = 'E';

	DFA_finals = "EF";
	N_DFA_states = 6;
	N_symbols = 2;
}
```

2.3.4 DFA의 상태전이표 출력

```
// 함수 print_dfa_table()
/*
	Print state-transition table.
	State names: 'A', 'B', 'C', ...
*/
void print_dfa_table(
	int tab[][SYMBOLS],		/* DFA table */
	int nstates,		/* number of states */
	int nsymbols,		/* number of input symbols */
	char *finals)
{
	int i, j;

	puts("₩nDFA: STATE TRANSITION TABLE");

	/* input symbols: '0', '1', ... */
	printf("     | ");
	for (i = 0; i < nsymbols; i++) printf("  %c  ", '0'+i);

	printf("₩n-----+--");
	for (i = 0; i < nsymbols; i++) printf("-----");
	printf("₩n");

	for (i = 0; i < nstates; i++) {
		printf("  %c  | ", 'A'+i);	/* state */
		for (j = 0; j < nsymbols; j++)
			printf("  %c  ", tab[i][j]); /* next state */
		printf("₩n");
	}
	printf("Final states = %s₩n", finals);
}
```

2.3.5 DFA의 상태수 최소화

// 함수 optimize DFA()

```
/*
	State-minimization of DFA: 'dfa' --> 'newdfa'
	Method:
		0. state-name이 스트링이므로 statename 테이블 이용
		   'n' -- statename[]에 등록된 state 개수
		1. DFA를 final states와 non-final states 2개의 동치류로 분할
		2. 2개의 동치류에 대해 next state가 동일 동치류인지 확인
		3. next state가 동일한 동치류가 아닌 것을 다시 분할
	Keypoint:
		현재 동치류에 대한 nextstate가 동치류에 없으면,
		statename 테이블에 그 정보를 추가하고 'n2'에 statename 테이블의
		entry 개수를 저장. 즉, n == n2이면, 분할이 끝나고 optimized DFA가 생성됨!
	Return value: number of DFA states.
*/
int optimize_DFA(
	int dfa[][SYMBOLS],		/* DFA state-transition table */
	int n_dfa,		/* number of DFA states */
	int n_sym,		/* number of input symbols */
	char *finals,		/* final states of DFA */
	char stnt[][STATES+1],	/* state name table */
	int newdfa[][SYMBOLS])	/* reduced DFA table */
{
	char nextstate[STATES+1];
	int n;	/* number of new DFA states */
	int n2;	/* 'n' + <num. of state-dividing info> */

	n = init_equiv_class(stnt, n_dfa, finals);

	while (1) {
		print_equiv_classes(stnt, n);
		n2 = get_optimized_DFA(stnt, n, dfa, n_sym, newdfa);
		if (n != n2)
			n = set_new_equiv_class(stnt, n, newdfa, n_sym, n_dfa);
		else break;		/* equiv. class segmentation ended!!! */
	}
	return n;/* number of DFA states */
}
```

2.3.5.1 동치 그룹 초기화

// 함수 init_equiv_class()

```
/*
	Divide DFA states into finals and non-finals.
*/
int init_equiv_class(char statename[][STATES+1], int n, char *finals)
{
	int i, j;

	if (strlen(finals) == n) {	/* all states are final states */
```

```
			strcpy(statename[0], finals);
			return 1;
		}

		strcpy(statename[1], finals);		/* final state group */

		for (i=j=0; i < n; i++) {
			if (i == *finals-'A') {
				finals++;
			} else statename[0][j++] = i+'A';
		}
		statename[0][j] = '₩0';

		return 2;
}
```

2.3.5.2 동치 그룹 출력 함수

```
// 함수 print_equiv_classes()
void print_equiv_classes(char stnt[][STATES+1], int n)
{
		int i;

		printf("₩nEQUIV. CLASS CANDIDATE ==>");
		for (i = 0; i < n; i++)
			printf(" %d:[%s]", i, stnt[i]);
		printf("₩n");
}
```

2.3.5.3 get optimized DFA

```
// 함수 get_optimized_DFA()
/*
		Get optimized DFA 'newdfa' for equiv. class 'stnt'.
*/
int get_optimized_DFA(char stnt[][STATES+1], int n,
		int dfa[][SYMBOLS], int n_sym, int newdfa[][SYMBOLS])
{
		int n2=n;		/* 'n' + <num. of state-division info> */
		int i, j;
		char nextstate[STATES+1];

		for (i = 0; i < n; i++) {	/* for each pseudo-DFA state */
			for (j = 0; j < n_sym; j++) {		/* for each input symbol */
				get_next_state(nextstate, stnt[i], dfa, j);
				newdfa[i][j] = state_index(nextstate, stnt, n, &n2, i)+'A';
			}
		}

		return n2;
}
```

2.3.5.3.1 get next state

// 함수 get_next_state()

```
/*
        Get next-state string for current-state string.
        (state 스트링이므로 각 state에 대해 nextstate를 merge)
*/
void get_next_state(char *nextstates, char *cur_states,
        int dfa[STATES][SYMBOLS], int symbol)
{
        int i, ch;

        for (i = 0; i < strlen(cur_states); i++)
                *nextstates++ = dfa[cur_states[i]-'A'][symbol];
        *nextstates = '₩0';
}
```

2.3.5.3.2 state index

// state_index

```
/*
        Get index of the equivalence states for state 'ch'.
        Equiv. class id's are '0', '1', '2', ...
*/
char equiv_class_ndx(char ch, char stnt[][STATES+1], int n)
{
        int i;

        for (i = 0; i < n; i++)
                if (strchr(stnt[i], ch)) return i+'0';
        return -1;          /* next state is NOT defined */
}

/*
        Check if all the next states belongs to same equivalence class.
        Return value:
                If next state is NOT unique, return 0.
                If next state is unique, return next state --> 'A/B/C/...'
        's' is a '0/1' string: state-id's
*/
char is_one_nextstate(char *s)
{
        char equiv_class; /* first equiv. class */

        while (*s == '@') s++;
        equiv_class = *s++;         /* index of equiv. class */
```

```
        while (*s) {
                if (*s != '@' && *s != equiv_class) return 0;
                s++;
        }

        return equiv_class;            /* next state: char type */
}

/*
        statename 테이블에서 'state'를 찾아 index를 return.
        'state'가 테이블에 없으면 끝에 추가하고 index를 return.
*/
int state_index(char *state, char stnt[][STATES+1], int n, int *pn,
        int cur)  /* 'cur' is added only for 'printf()' */
{
        int i;
        char state_flags[STATES+1];            /* next state info. */

        if (!*state) return -1;          /* no next state */

        for (i = 0; i < strlen(state); i++)
                state_flags[i] = equiv_class_ndx(state[i], stnt, n);
        state_flags[i] = '₩0';

        printf("    %d:[%s]₩t--> [%s] (%s)₩n",
                cur, stnt[cur], state, state_flags);

        if (i=is_one_nextstate(state_flags))
                return i-'0';          /* deterministic next states */
        else {
                strcpy(stnt[*pn], state_flags);          /* state-division info */
                return (*pn)++;
        }
}
```

2.3.5.4 set new equiv class

```
// set_new_equiv_class
/*
        char 'ch' is appended at the end of 's'.
*/
void chr_append(char *s, char ch)
{
        int n=strlen(s);

        *(s+n) = ch;
        *(s+n+1) = '₩0';
}

void sort(char stnt[][STATES+1], int n)
{
        int i, j;
        char temp[STATES+1];
```

```
	for (i = 0; i < n-1; i++)
		for (j = i+1; j < n; j++)
			if (stnt[i][0] > stnt[j][0]) {
				strcpy(temp, stnt[i]);
				strcpy(stnt[i], stnt[j]);
				strcpy(stnt[j], temp);
			}
}

/*
	Divide first equivalent class into subclasses.
		stnt[i1] : equiv. class to be segmented
		stnt[i2] : equiv. vector for next state of stnt[i1]
	Algorithm:
		- stnt[i1] is splitted into 2 or more classes 's1/s2/...'
		- old equiv. classes are NOT changed, except stnt[i1]
		- stnt[i1]=s1, stnt[n]=s2, stnt[n+1]=s3, ...
	Return value: number of NEW equiv. classses in 'stnt'.
*/
int split_equiv_class(char stnt[][STATES+1],
	int i1,	/* index of 'i1'-th equiv. class */
	int i2,	/* index of equiv. vector for 'i1'-th class */
	int n,	/* number of entries in 'stnt' */
	int n_dfa)		/* number of source DFA entries */
{
	char *old=stnt[i1], *vec=stnt[i2];
	int i, n2, flag=0;
	char newstates[STATES][STATES+1]; /* max. 'n' subclasses */

	for (i=0; i < STATES; i++) newstates[i][0] = '₩0';

	for (i=0; vec[i]; i++)
		chr_append(newstates[vec[i]-'0'], old[i]);

	for (i=0, n2=n; i < n_dfa; i++) {
		if (newstates[i][0]) {
			if (!flag) {		/* stnt[i1] = s1 */
				strcpy(stnt[i1], newstates[i]);
				flag = 1;/* overwrite parent class */
			} else	/* newstate is appended in 'stnt' */
				strcpy(stnt[n2++], newstates[i]);
		}
	}

	sort(stnt, n2);		/* sort equiv. classes */

	return n2;		/* number of NEW states(equiv. classes) */
}

/*
	Equiv. classes are segmented and get NEW equiv. classes.
*/
int set_new_equiv_class(char stnt[][STATES+1], int n,
	int newdfa[][SYMBOLS], int n_sym, int n_dfa)
{
```

```
        int i, j, k;

        for (i = 0; i < n; i++) {
                for (j = 0; j < n_sym; j++) {
                        k = newdfa[i][j]-'A';           /* index of equiv. vector */
                        if (k >= n)             /* equiv. class 'i' should be segmented */
                                return split_equiv_class(stnt, i, k, n, n_dfa);
                }
        }

        return n;
}
```

2.3.6 get new finals

```
// get_NEW_finals()
/*
        Check if 't' is a subset of 's'.
*/
int is_subset(char *s, char *t)
{
        int i;

        for (i = 0; *t; i++)
                if (!strchr(s, *t++)) return 0;
        return 1;
}

/*
        New finals states of reduced DFA.
*/
void get_NEW_finals(
        char *newfinals,   /* new DFA finals */
        char *oldfinals,   /* source DFA finals */
        char stnt[][STATES+1],     /* state name table */
        int n)     /* number of states in 'stnt' */
{
        int i;

        for (i = 0; i < n; i++)
                if (is_subset(oldfinals, stnt[i])) *newfinals++ = i+'A';
        *newfinals++ = '₩0';
}
```

1) load_DFA_table 함수의 입력 데이터값을 보고 상태전이도로 그리시오.

2) 상태전이도에 대하여 상태수 최소화된 전이도를 그리시오.

3) 프로그램의 결과와 상태수 최소화된 전이도를 비교해 보시오.

4) 다음 데이터들에 대하여 상태전이도와 상태수가 최소화된 전이도를 그려보고 프로그램 결과에 대하여 실습하시오.

```
DFA_Data_1
        DFAtab[0][0] = 'B'; DFAtab[0][1] = 'D';
        DFAtab[1][0] = 'B'; DFAtab[1][1] = 'C';
        DFAtab[2][0] = 'D'; DFAtab[2][1] = 'E';
        DFAtab[3][0] = 'D'; DFAtab[3][1] = 'E';
        DFAtab[4][0] = 'B'; DFAtab[4][1] = 'C';

        DFA_finals = "CE";
        N_DFA_states = 5;
        N_symbols = 2;

DFA_Data_2
        DFAtab[0][0] = 'F'; DFAtab[0][1] = 'B';
        DFAtab[1][0] = 'E'; DFAtab[1][1] = 'D';
        DFAtab[2][0] = 'C'; DFAtab[2][1] = 'F';
        DFAtab[3][0] = 'D'; DFAtab[3][1] = 'A';
        DFAtab[4][0] = 'B'; DFAtab[4][1] = 'C';
        DFAtab[5][0] = 'A'; DFAtab[5][1] = 'E';

        DFA_finals = "AF";
        N_DFA_states = 6;
        N_symbols = 2;
```

5) 위에서 작성한 프로그램을 참조하여 상태수 제약을 받지 않고 처리될 수 있도록 소스 코드를 수정하시오.

2.4 정규식으로부터 ε-NFA 구성하는 프로그램

정규식은 토큰 유형을 기술하기 위해 다음과 같은 연산자를 사용한다.

연산자	명칭	기능
+	(union)	a+b : a또는 b
*	(closure)	a* : a를 0번 이상 반복하는 스트링 유형
·	(concatenation)	a·b·c : a, b, c를 순서대로 연결한 스트링. 기호를 생략하여 abc라고 표기함.

정규식 (a+b)* 이 기술하는 언어는 a또는 b로 구성된 터미널 스트링 집합 { ε, a, b, aa, ab, ba, bb, aaa, aab, aba, abb, ... } 이다.

2.4.1 정규식 a+b를 ε-NFA로 구성

정규식 "a+b"는 다음과 같은 순으로 상태전이도를 구성할 수 있다.

Step1 : a에 대한 상태전이도

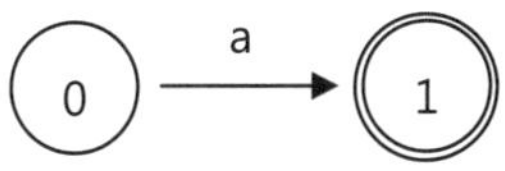

Start state : 0
Final state : 1

Step2 : b에 대한 상태전이도

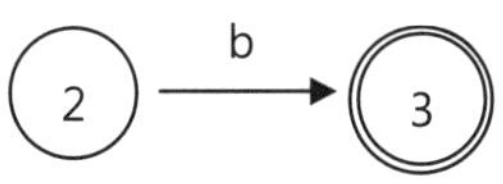

Start state : 2
Final state : 3

Step3 : +에 대한 상태전이도

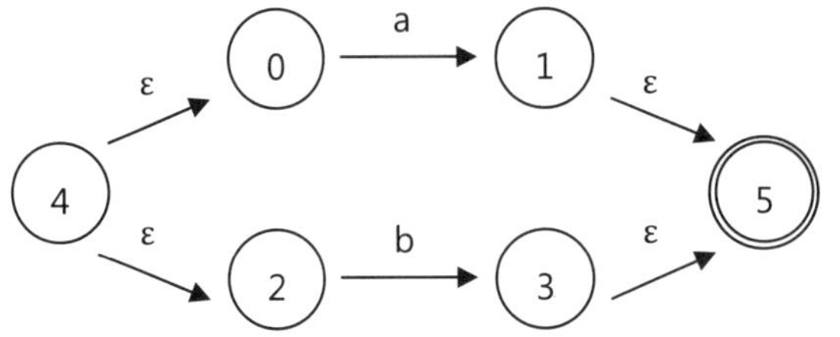

Start state : 4
Final state : 5

위의 상태전이도를 상태전이표로 나타내면 다음과 같다.

State / Symbol	a	b	ε
0	1		
1			5
2		3	
3			5
4			0, 2
5			

표의 세로는 state를 나타내고, 가로는 symbol을 나타낸다. state와 symbol이 만나는 지점에서 next state를 입력해 줌으로써 표가 완성된다. 위의 표를 보면 state 0 과 symbol a의 교차점에 1이 입력되어 있으므로, state 0에서 symbol a를 보았을 때 다음으로 이동할 state는 1 이라는 것을 나타낸다.

정규식을 ε-NFA로 변환하기 위한 프로그램을 작성하는 방법은 스택을 이용하여 구현할 수 있는데 다음과 같이 표현할 수 있다.

Step1 : a에 대한 상태전이도를 생성하고 start, final state를 스택에 저장한다.

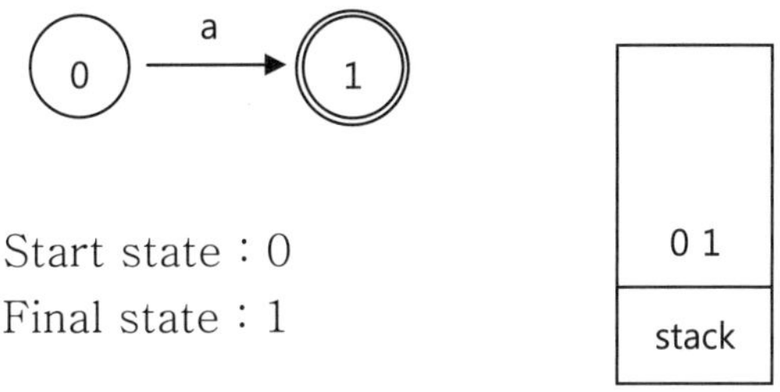

Start state : 0
Final state : 1

Step2 : b에 대한 상태전이도를 생성하고 start, final state를 스택에 저장한다.

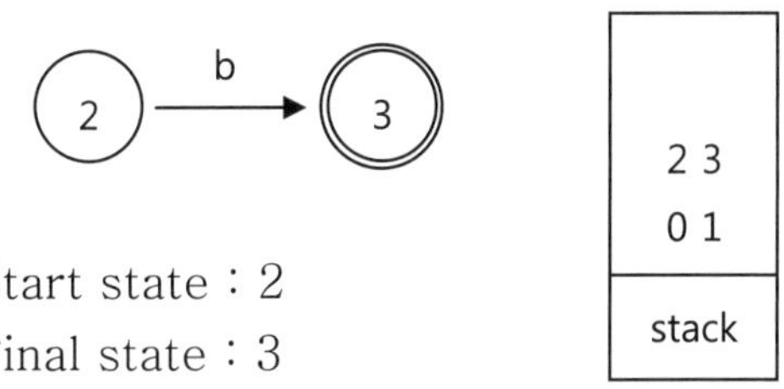

Start state : 2
Final state : 3

Step3 : + 연산은 다음과 같이 수행한다.

1. 새로운 start, final state를 만든다.
2. stack에서 state 2개를 pop 시킨다.
3. 새로운 start state는 ε –전이를 통하여 pop을 하여 얻어낸 2개의 state의 start state로 이동할 수 있다.
4. pop을 하여 얻어낸 2개의 state의 final state는 ε –전이를 통하여 새로운 final state로 이동할 수 있다.
5. 새로운 start, final state를 스택에 저장한다.

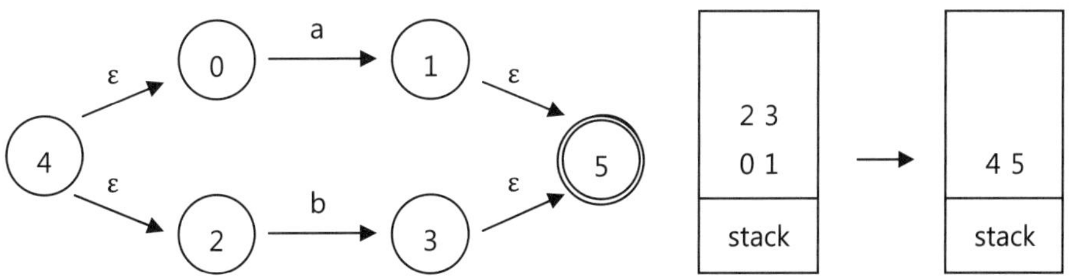

Start state : 4
Final state : 5

Step4 : 더 이상 입력이 없을 때 마지막으로 stack에 저장되어있는 state가 최종적으로 start, final state가 된다.

위의 step 과정을 보면 "a+b" 연산에 대하여, "ab+"순으로 연산을 하였다. 이는 연산을 하는데 있어서 우선순위를 두어야 하기 때문에 infix 입력을 postfix 순으로 한 것이다.

다음은 정규식을 epsilon NFA로 변환하는 소스 코드이다.

```
// RegularExpression_to_eNFA.c
/*
        regular expression -> epsilon NFA
*/
#include <stdio.h>
#include <stdlib.h>
#include <string.h>

typedef struct stack_node {
        int ss;   // start state
        int es;   // final state
} SN;

#define MAX       999
#define STATES    256
#define MAX_LENGTH       3 //number string length : number(max 256) -> string(length 3)
#define SYMBOLS          20

int N_symbols=0; //number of input symbols
int N_NFA_states=0; //number of NFA states
int start_symbol=0;
int final_symbol=1;

char *NFAtab[STATES][SYMBOLS];

SN *stack[MAX];
int cur_ss=0;
int cur_es=1;
int cur_symbol=0;
int E_symbol;
int top=0;

void put_eNFA_table(int tab[][SYMBOLS], int nstates, int nsymbols)
{
        int i, j;

        puts("₩nNFA: STATE TRANSITION TABLE");

        /* input symbols: '0', '1', ... */
        printf("      | ");
        for (i = 0; i < nsymbols; i++) printf("   %-6c", '0'+i);
        printf("   e₩n");   /* epsilon */

        printf("-----+--");
```

```
	for (i = 0; i <= nsymbols; i++) printf("-------");
	printf("₩n");

	for (i = 0; i <= nstates; i++) {
		printf("   %c   | ", '0'+i);     /* state */
		for (j = 0; j < nsymbols+1; j++) {
			if (tab[i][j]==NULL) printf("   %-6s","");
			else printf("   %-6s", tab[i][j]);
		}
		printf("₩n");
	}
	printf("Start states = %d₩n", start_symbol);
	printf("Final states = %d₩n", final_symbol);
}

void push(SN *node)
{
	if (top >= MAX-1) {
		puts("STACK OVERFLOW!");
		return;
	}
	stack[top++] = node;
}

SN* pop()
{
	return stack[--top];
}

int is_stack_empty()
{
	return (top <= 0);
}

char* create_number_to_string(int num)
{
	char *string;
	string = (char *)malloc(sizeof(char)*MAX_LENGTH+1);
	itoa(num, string, 10);
	return string;
}

// operater .
void operator_concatenation() { }

// operator *
void operator_closure() { }

// operator +
void operator_union()
{
	SN *state1, *state2;
	SN *new_state = (SN *)malloc(sizeof(SN));
	char *temp;

	new_state->ss = cur_ss;
```

```
		new_state->es = cur_es;
		cur_ss+=2;
		cur_es+=2;

		state2 = pop();
		state1 = pop();

		temp = create_number_to_string(state1->ss);
		strcat(temp, create_number_to_string(state2->ss));
		NFAtab[new_state->ss][E_symbol] = temp;
		NFAtab[state1->es][E_symbol] = create_number_to_string(new_state->es);
		NFAtab[state2->es][E_symbol] = create_number_to_string(new_state->es);

		push(new_state);
}

/*
		create symbol state
				symbol_x
		state_n ---------> state_n+1
*/
void create_symbol_state(char c)
{

		SN *state = (SN *)malloc(sizeof(SN));
		state->ss = cur_ss;
		state->es = cur_es;

		NFAtab[cur_ss][cur_symbol] = create_number_to_string(cur_es);
		push(state);

		printf("create symbol [%c] = %d₩n",c,cur_symbol);

		cur_ss+=2;
		cur_es+=2;
		cur_symbol++;
}

int is_operator(char ch)
{
		if (ch=='+' || ch=='*' || ch=='.' || ch=='(' || ch==')') return 1;
		else return 0;
}

void count_symbols(char *str)
{
		while (*str) {
				if(!is_operator(*str)){ //is not operator
						N_symbols++;
				}
				str++;
		}
		E_symbol = N_symbols; // if N_symbols : 0~3, epsilon_simbol : 4
		printf("symbol count : %d₩n", N_symbols);
}

/*
```

```
        regular_expression -> eNFA
*/
void RE_to_eNFA(char *re)
{
        SN *state;
        printf("₩n[RE to eNFA]₩n");

        count_symbols(re);

        while(*re) {
                switch(*re) {
                case '+':
                        operator_union();
                        break;
                case '*':
                        operator_closure();
                        break;
                case '.':
                        operator_concatenation();
                        break;
                default : //create_symbol
                        create_symbol_state(*re);
                }
                re++;
        }

        state = pop();
        start_symbol = state->ss;
        final_symbol = N_NFA_states = state->es;
}

void main()
{
        char regular_expression[100];
        char *regular_expression_infix;
        char *regular_expression_postfix;

        printf("Regular Expression : ");
        scanf("%s", regular_expression);

        regular_expression_infix = insert_concatenation(regular_expression);
        printf("insert concatenation : %s₩n", regular_expression_infix);

        regular_expression_postfix = infix_to_postfix(regular_expression_infix);
        printf("infix to postfix : %s -> %s₩n", regular_expression_infix, regular_expression_postfix);

        RE_to_eNFA(regular_expression_postfix);

        put_eNFA_table(NFAtab, N_NFA_states, N_symbols);
}
```

```
// infix_to_postfix.c
int order(char ch)
{
	/*
		opder : '+' < '.' < '*' < '(' or ')' < char
	*/
	if ('0'<=ch && ch<='9') return 9;
	else if('a'<=ch && ch<='z') return 9;
	else if('A'<=ch && ch<='Z') return 9;
	else if(ch=='+') return 1;
	else if(ch=='*') return 3;
	else if(ch=='.') return 2;
	else if(ch=='(') return 4;
	else if(ch==')') return 4;
	else return 0;
}

char* infix_to_postfix(char *str)
{
	char *p = str;
	char stack[999];
	int top=0;
	int i=0;
	char *postfix = (char *)malloc(strlen(str)+1);

	while(*p){
		if (top==0) { //stack empty
			if (is_operator(*p)) {
				stack[++top] = *p;
			} else
				postfix[i++] = *p;
			p++;
		} else {
			if (*p=='(') {
				stack[++top] = *p;
				p++;
			} else if (*p==')') {
				while (stack[top]!='(') {
					postfix[i++] = stack[top--];
				}
				top--;
				p++;
			} else if (order(*p) >= order(stack[top])) {
				postfix[i++] = *p;
				p++;
			} else {
				if (stack[top]=='(') {
					stack[++top] = *p;
					p++;
				} else {
					postfix[i++] = stack[top--];
				}
			}
		}
	}
```

```
        //stack all pop
        while (top>0) {
                postfix[i++] = stack[top--];
        }
        postfix[i] = '₩0';
        return postfix;
}

char* insert_concatenation(char *str)
{
        int len = strlen(str);
        char *result = (char *)malloc(len*2);
        int i=0,j=0;

        result[i++] = str[j++];
        for(; j<len;){
                if (!is_operator(str[j-1]) && !is_operator(str[j])) {
                        result[i++] = '.';
                } else if (str[j-1]=='*' && !is_operator(str[j])) {
                        result[i++] = '.';
                } else if (str[j-1]==')' && !is_operator(str[j])) {
                        result[i++] = '.';
                }
                result[i++] = str[j++];
        }
        result[i] = '₩0';
        return result;
}
```

1) 정규식 "a+b"에 대하여 출력 결과와 상태전이도를 비교하여 보시오.

2) 정규식 "a+b+c"에 대하여 상태전이도를 그리시오.

3) 정규식 "a+b+c"에 대하여 출력 결과와 상태전이도를 비교하시오

2.4.2 정규식 a*를 ε-NFA로 구성하는 프로그램

정규식 a*는 다음과 같은 방법으로 상태전이도를 구성할 수 있다.

Step1. a에 대한 상태전이도를 생성하고 start, final state를 스택에 저장한다.

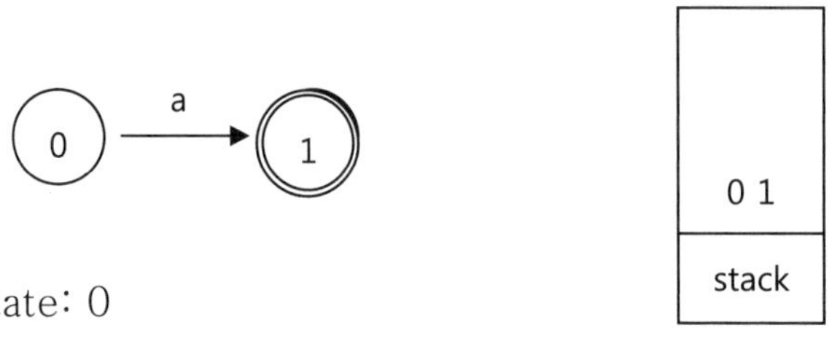

Start state: 0
Final state: 1

Step2. '*' 연산은 다음과 같이 수행한다.

1. 새로운 start, final state를 만든다.
2. stack에서 state 1개를 pop 시킨다.
3. 새로운 start state는 ε -전이를 통하여 새로운 final state와, pop을 하여 얻어낸 state의 start state로 이동할 수 있다.
4. pop을 하여 얻어낸 state의 final state는 ε -전이를 통하여 자기 자신의 start state와, 새로운 final state로 이동할 수 있다.
5. 새로운 start, final state를 스택에 저장한다.

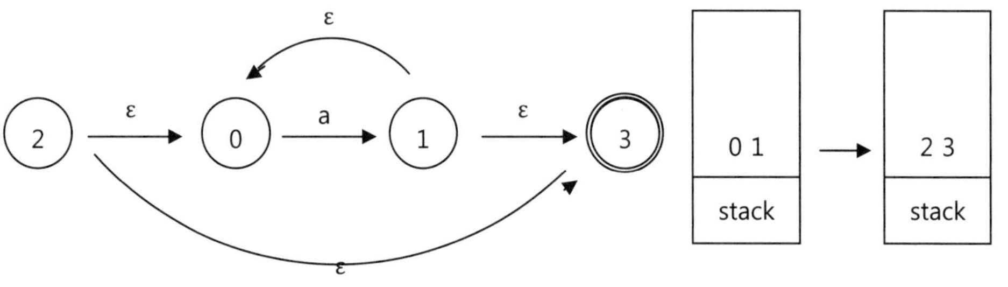

Start state: 2
Final state: 3

Step3. 더 이상 입력이 없을 때 마지막으로 stack에 저장되어 있는 state가 최종적으로 start, final state가 된다.

1) 다음과 같이 * 연산이 가능하도록 RegularExpression_to_eNFA.c 소스코드의 operator_closure() 함수를 작성하시오.

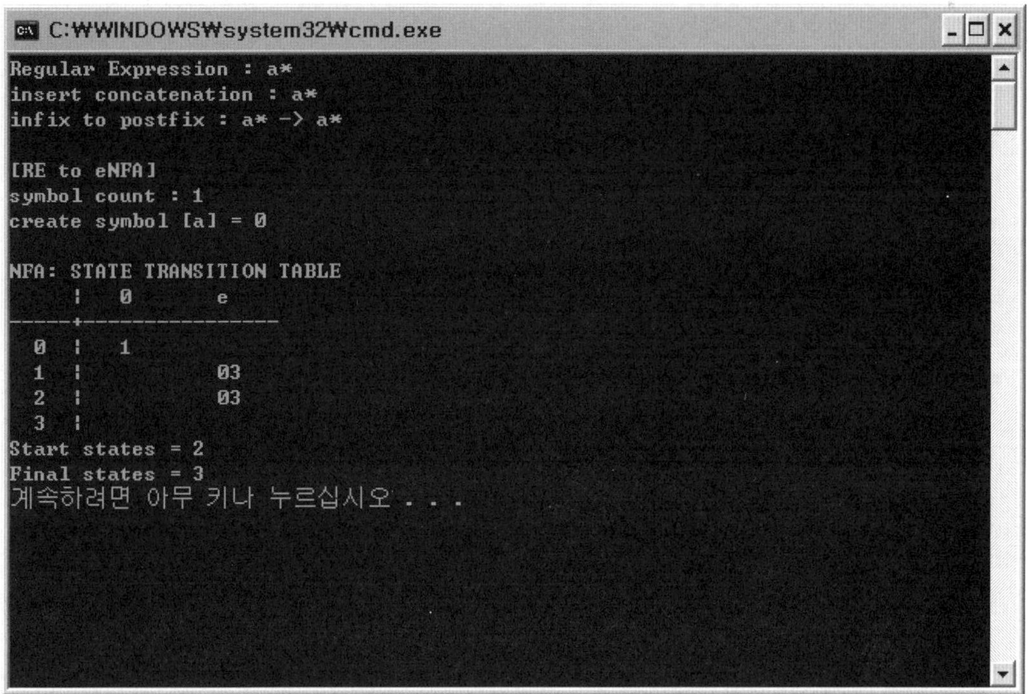

2) 정규 문법 "a+b*"에 대하여 상태전이도를 그리시오.

3) 작성한 프로그램의 입력으로 "a+b*"를 입력하여 출력 결과와 상태전이도를 비교하시오.

2.4.3 정규식 ab를 ε-NFA로 구성하는 프로그램

정규식에서 접속 연산(concatenation)은 연산자 '·' 를 생략할 수 있으므로 "a · b" 는 "ab" 와 같이 표기한다. 정규식 "a · b" 는 아래와 같은 방법으로 상태전이도를 구성할 수 있다.

Step1. a에 대한 상태전이도를 생성하고 start, final state를 스택에 저장한다.

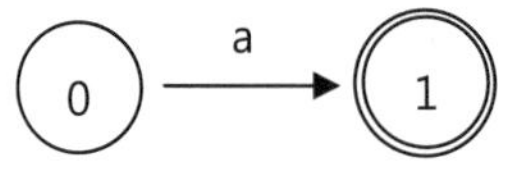

Start state: 0
Final state: 1

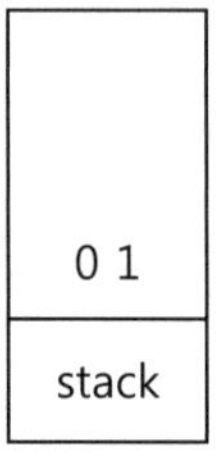

Step2. b에 대한 상태전이도를 생성하고 start, final state를 스택에 저장한다.

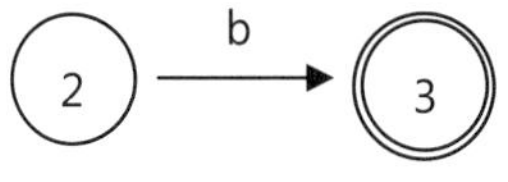

Start state: 2
Final state: 3

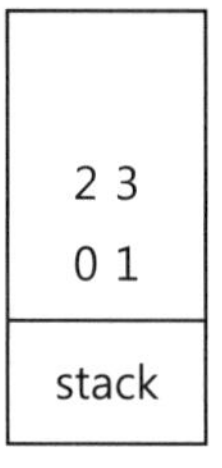

Step3. 접속 연산은 다음과 같이 수행한다.

1. stack에서 state 2개를 pop 시킨다.
2. pop시킨 state중 최근의 state를 state2, 한 단계 더 아래의 state를 state1이라고 생각한다.
3. state1의 final state는 ε 전이를 통하여 state2의 start state로 이동할 수 있다.
4. state1의 start state는 새로운 start state가 되며, state2의 final state는 새로운 final state가 된다.
5. 새로운 start, final state 를 스택에 저장한다.

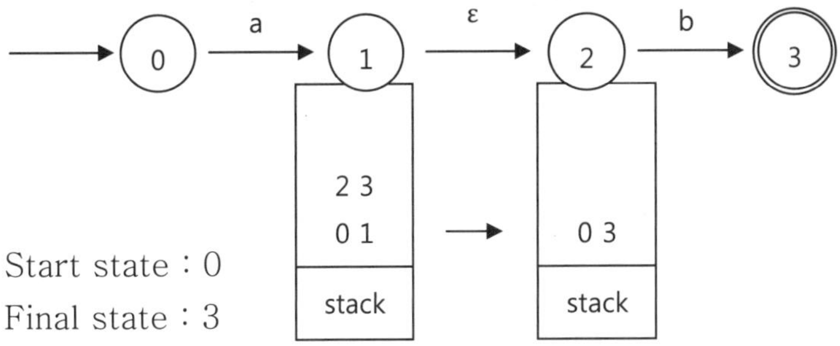

Step4. 더 이상 입력이 없을 때 마지막으로 stack에 저장되어 있는 state가 최종적으로 start, final state가 된다.

1) 다음과 같이 접속 연산이 가능하도록 RegularExpression_to_eNFA.c의 operator_concatenation() 함수를 작성하시오.

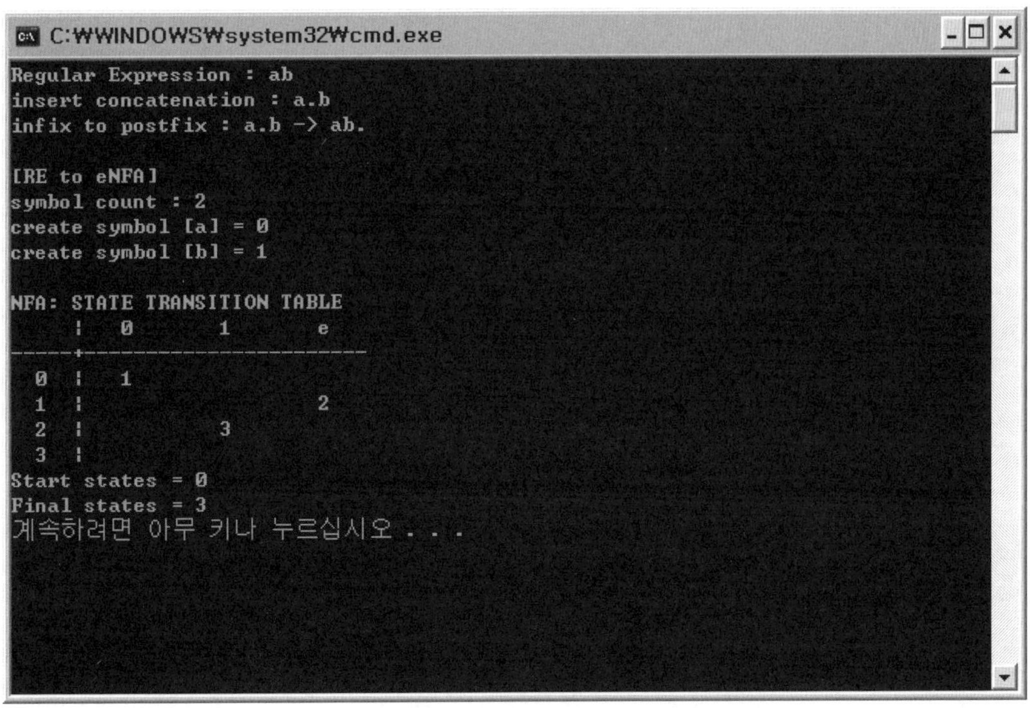

```
C:₩WINDOWS₩system32₩cmd.exe
Regular Expression : ab
insert concatenation : a.b
infix to postfix : a.b -> ab.

[RE to eNFA]
symbol count : 2
create symbol [a] = 0
create symbol [b] = 1

NFA: STATE TRANSITION TABLE
     |  0        1        e
-----+---------------------
  0  |  1
  1  |                    2
  2  |           3
  3  |
Start states = 0
Final states = 3
계속하려면 아무 키나 누르십시오 . . .
```

2) 정규 문법 "abcd"에 대하여 상태전이도를 그리시오.

3) 작성한 프로그램에 대해 "abcd"를 입력하여 실행 결과 및 상태전이도를 비교해 보시오.

2.4.4 정규식을 ε-NFA로 구성하는 프로그램

아래 정규식에 대하여 각각 상태전이도를 그려보고, 이전에 작성한 프로그램으로 확인하시오.

1) ab*

2) (ab)*

3) a+b*

4) (a+b)*

5) ab+c*

6) (abc+d)*f

7) (a+b)*c*

8) (ab+(cd)*)ef

2.5 DFA의 도달 불가능 상태 제거 프로그램

도달 불가능 상태(inaccessible state)는 들어오는 지시선이 없고 나가는 지시선만 존재하는 상태를 말한다.

1) 아래 상태전이도의 예와 같이 도달 불가능한 상태들을 제거하는 프로그램을 작성하시오.

Before :

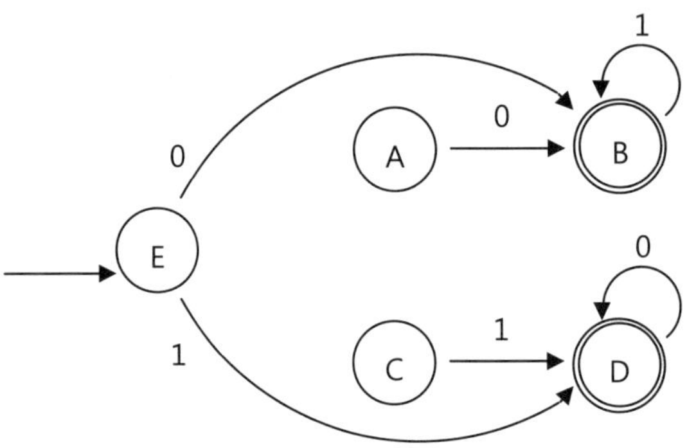

After :

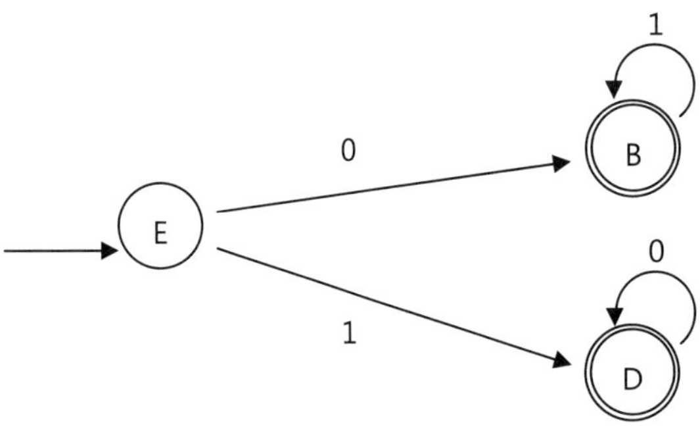

2.6 비종결 논터미널 제거 프로그램 작성

종결 논터미널(terminating nonterminal)은 어떤 논터미널 심벌이 최종적으로 터미널 스트링을 유도할 수 있다는 것을 의미한다. 이에 비해 비종결 논터미널(non-terminating nonterminal)은 어떤 경우에도 터미널 스트링을 생성할 수 없는 논터미널이다.

비종결 논터미널의 제거 방법

1. 터미널을 생성하는 논터미널들로 종결 논터미널 집합을 구한다.
2. RHS 부분이 터미널과 종결 논터미널 스트링으로 구성되는 논터미널을 종결 논터미널 집합에 추가한다.
3. 더 이상 추가되는 종결 논터미널이 없을 때까지 과정 2.를 반복한다.
4. 종결 논터미널 집합에 속하지 않는 논터미널이 비종결 논터미널이다.
5. 비종결 논터미널 심벌이 포함된 모든 생성 규칙들을 제거한다.

2.7 단일 생성 규칙 제거 프로그램 작성

단일 생성 규칙은 A → B와 같은 형태의 생성 규칙을 말한다. 단일 생성 규칙이 존재하면 불필요한 유도 과정이 추가되므로 파싱 속도가 느려진다.

단일 생성 규칙의 제거 방법

1. 단일 생성 규칙을 제외한 모든 생성규칙을 집합으로 하는 P' 를 구한다.
2. 단일 생성 규칙(A → B 와 같은 형태)을 구한다.
3. A → B 와 같은 형태에서 B 에 대하여 B → α 와 같은 형태의 생성 규칙이 있으면
   A → α의 형태를 집합 P' 에 추가한다.

제3장 Lex 예제 및 실습

어휘분석기는 컴파일러 전단부의 가장 첫 단계의 분석 모듈로써 입력 스트링을 분할하여 의미가 있는 최소 단위인 일련의 토큰들로 구분하여 출력해 준다. 어휘분석기는 컴파일러 개발자가 직접 프로그램을 작성할 수 있으나 Lex를 이용하면 자동으로 어휘분석기를 작성할 수 있다. Lex(lexical analyzer generator)는 컴파일러 전단부의 어휘분석기를 자동으로 생성해 주는 어휘 분석기 자동 생성 도구인데 Lex 입력 파일로 기술된 정규식을 인식하는 어휘분석기(lexical analyzer)를 자동으로 생성해 준다.

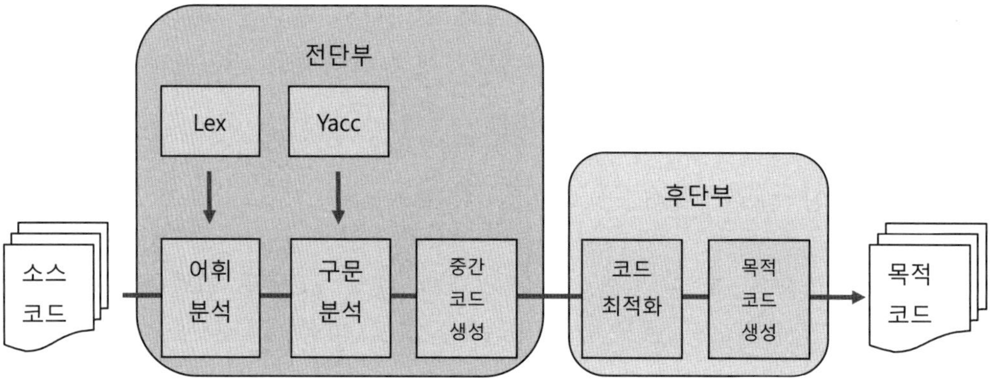

그림 3.1 컴파일러 구조

Lex가 생성해 주는 어휘분석기는 사용자가 입력 파일에 기술한 정규식(regular expression)으로 기술되는 스트링들을 인식한다. Lex는 정규식에 대해 유한 오토마타를 자동으로 구성하여 C 언어 소스 형태로 어휘분석기를 생성해 준다.

3.1 Lex 입력 작성 방법

Lex의 입력 파일은 정의부, 규칙부, 사용자 서브루틴 3부분으로 나누어져 있다. 각 영역을 구분하기 위한 구분자는 %%이다.

```
정의부
%%
규칙부
%%
사용자 서브루틴
```

3.1.1 Lex 입력 파일 작성 예제

아래와 같이 cat.l이라는 Lex 입력 파일을 작성해 보자. 이 예제 파일에서 ECHO는 Lex 라이브러리에서 인식된 문자열을 출력해 주는 매크로이다. 즉, ECHO는 puts(yytext);와 유사한 기능이다.

cat.l

```
%%
. | ₩n ECHO;
%%
main()
{
	yylex();
}
```

1) cat.l에 대하여 아래와 같이 어휘분석기를 생성하고 컴파일하여 실행한다.

```
$ flex cat.l
$ gcc –o cat lex.yy.c –lfl
```

명령어	설명
$ flex cat.l	flex를 이용하여 cat.l 입력 파일에 대한 어휘분석기 lex.yy.c 생성
$ gcc –o cat lex.yy.c –lfl	lex.yy.c를 컴파일하고 lex라이브러리 libfl.a를 연결하여 cat라는 실행 파일 생성

<참고> flex 는 리눅스에서 사용하는 Lex 명령어이고 flex 라이브러리는 libfl.a 이다. Lex 라이브러리를 링크하려면 lex.yy.c 뒤에 –lfl 을 추가한다. 유닉스 운영체제에서는 Lex 명령어가 lex 이고 Lex 라이브러리는 libl.a 이다. 따라서 유닉스에서 Lex를 사용하는 방법은 아래와 같다.

```
$ lex file.l
$ gcc lex.yy.c -ll
```

<참고> 컴파일할 때 Lex 라이브러리를 위치를 바꿔 보고 어떻게 되는지 살펴 보자.

```
$ gcc –lfl lex.yy.c
```

2) 생성된 실행 파일에 대해 아래와 같이 입력했을 때 출력 결과는 어떻게 되는가?

```
Abc
1234
Hello
```

3.1.2 정의부와 yytext 사용 예제

정의부에는 리터럴 블록 "%{ ... %}"이 있다. 이 구분자 안에 정의한 것들은 Lex가 어휘분석기 lex.yy.c 파일을 생성할 때 lex.yy.c의 맨 앞 부분에 그대로 복사해 준다. 리터럴 블록은 주로 #include <stdio.h>, 전역변수 등과 같이 C 언어 소스 본체를 실행하는데 필요한 선언문 등을 기술한다.

Lex 입력 파일 cat.l을 아래와 같이 수정하여 실습해 보자.

cat2.l

```
%{
        #include <stdio.h>
%}
%%
. | ₩n { printf("%s₩n", yytext); }
%%
main()
{
        yylex();
}
```

1) 아래와 같이 입력했을 때 실행 결과는 어떻게 되는가?

```
Abc
1234
Hello
```

2) 첫번째 소스와 비교하였을 때 출력 결과에 어떤 변화가 생겼는가?

3) ECHO와 yytext가 각각 어떤 기능을 하는지 설명하시오.

3.1.3 함수 yylex() 사용 실습

규칙부에는 정규식으로 표현된 토큰 유형과 토큰이 인식되었을 때 실행할 액션 코드를 작성한다. Lex는 규칙부에 표현된 것을 인식하는 함수 yylex()를 생성해 준다. 입력 파일 cat.l의 사용자 서브루틴에서 작성된 main() 함수 안의 yylex() 함수를 삭제하고 컴파일하여 실행하여 보자.

1) 실행 결과는 무엇인가?

2) 왜 이런 결과가 발생하는가?

3) 사용자 서브루틴의 필요성은 무엇이며, 사용자 서브루틴에서 yylex()를 호출한 의미는?

3.1.4 Lex 입력 파일 작성

정의부에서는 특정 정규식에 대해 이름을 부여하는 기능을 제공한다. 이러한 정의는 규칙부에서 중괄호를 사용하여 "{선언된이름}" 형식으로 정의된 정규식을 참조할 수 있다.

정의부 사용 예

```
DIGIT [0-9]+
EOL ₩n
%%
{DIGIT}{EOL}   { printf("number₩n"); }
%%
...
```

위 예제는 0~9까지의 문자가 1회 이상 반복되는 정규식을 DIGIT라는 명칭을 부여하여 정의하였고, 개행 문자 '\n'을 EOL로 정의하였다. 규칙부에서는 { }를 사용하여 정의된 명칭을 참조하여 양의 정수를 인식하는 Lex 입력을 작성하였다. 아래 정수와 실수를 인식하는 정규식을 기술할 때 정의부를 잘 활용하여 규칙부를 다시 기술하시오.

digit.l

```
%%
[0-9]+ { printf("int₩n"); }
[0-9]*₩.[0-9]+ { printf("float₩n"); }
(-|₩+)[0-9]+ { printf("signed int₩n"); }
(-|₩+)[0-9]*₩.[0-9]+ { printf("signed float₩n"); }
%%
main()
{
        yylex();
}
```

1) 공통된 표현들을 찾아보시오.

2) 위에서 찾은 표현들을 정의하시오. (이름 표현 순으로 작성)

3) 정의된 명칭들을 사용하여 규칙부를 간단히 하시오.

3.1.5 규칙부의 정규식 우선순위

Lex는 입력 스트링에 대해 적용 가능한 정규식이 두 가지 이상일 때 어떤 정규식으로 토큰을 인식할 것인지 그 우선순위가 결정되어야 한다. 어떤 정규식을 우선적으로 적용할 것인지에 대해 두 가지 기준이 있다. 다음 예제에는 4개의 정규식이 기술되어 있다. 각 입력 스트링에 대해 어떤 정규식으로 토큰을 인식하는지 살펴보자.

int.l

```
%{
        /* 렉스 패턴 매치 우선순위 예제 */
%}
%%
in { printf("IN₩n"); }                  // R1
in. { printf("IN+CHAR₩n"); }            // R2
int { printf("INT₩n"); }                // R3
. { printf("CHAR: %s₩n", yytext); }     // R4
%%
main()
{
        yylex();
}
```

1) 입력 스트링 ing 은 “in” 과 “in.” 와 “int” 중 어떤 정규식이 매치되는가?
<참고> ing 는 아래와 같이 다양하게 인식될 수 있다.

ing: R2
in + g: R1+R4
i + n + g: R4+R4+R4

2) 입력 스트링 int 는 “in” 과 “in.” 와 “int” 중 무엇이 매치되는가?
<참고> int 는 아래와 같이 다양하게 인식될 수 있다.

int: R2

int: R4
in + t: R1+R4
i + n + t: R4+R4+R4

3) 다음 빈칸에 답을 적으시오.
Lex 는 정규식으로 토큰을 인식할 때 매치되는 두 개 이상의 정규식이 존재할 경우에 토큰의 길이가 ______________한 정규식을 우선적으로 적용하여 토큰을 인식한다. 즉, longest string match 방식을 따른다. 만약에 매치되는 토큰의 길이가 같을 때에는 정규식이 ____________ 기술된 정규식을 우선적으로 적용한다.

3.2 Lex의 정규식

Lex 입력 파일을 작성할 때 정규식을 기술하기 위한 메타 문자들은 다음과 같다.

메타 문자	의미
.	줄 바꿈("₩n")을 제외한 모든 문자와 일치된다.
[ ]	대괄호 안의 문자들 중 하나에 매치한다. [a-z]는 알파벳 소문자 a~z중 하나가 매치될 수 있음을 의미한다.
*	0번 이상 반복을 의미한다. ab*c는 ac, abc, abbc, ab...bc를 나타낸다.
+	1번 이상 반복을 의미한다. ab+c는 abc, abbc, ab...bc를 나타낸다.
?	? 앞 문자를 선택적으로 일치한다. ab?c는 ac 또는 abc를 나타낸다.
{ }	중괄호는 앞에 있는 패턴의 반복 횟수를 의미한다. a{3}은 aaa를 나타낸다. b{1:3}은 b, bb, bbb를 나타낸다. 정의절에서 정의된 이름을 규칙절에서 치환식으로 사용하고자 할 때도 사용한다.
＼또는 ₩	c언어의 이스케이프 문자를 표현할 때 사용한다. '*' 문자를 *로 기술하면 메타문자로 인식된다. 문자 자체를 일치하도록 하려면 ＼*와 같이 기술한다.
( )	정규식을 하나의 단위로 간주할 때 사용한다. a(b|c)는 ab 또는 ac를 나타낸다.
|	OR 표현을 나타낸다. ab | ac는 ab 또는 ac를 의미한다.
" "	따옴표 안에 있는 내용은 문자 그대로를 의미한다. "*"는 ＼*와 같다.
/	접미 문맥을 명시할 때 사용한다. ab/cd는 ab 다음에 cd가 연속되어 나타나는 ab만을 인식하겠다는 의미이다.
^	라인의 첫문자 위치를 명시할 때 사용한다. ^ab는 "ab"가 그 줄의 첫문자로 시작되는 경우에만 인식된다. "aabcd"는 ab가 첫 문자로 시작되지 않으므로 인식되지 않는다. '^'이 대괄호 안에 사용될 때는 not 연산자로서 여집합을 의미한다. [^a-z]는 알바펫 소문자 a~z를 제외한 모든 문자를 나타낸다.
$	라인의 끝 위치를 명시할 때 사용한다. ab$는 문장 "cdab₩n"과 같이 라인끝에 ab가 있는 경우에만 ab가 인식된다. "cdabb"는 ab가 라인 끝 위치가 아니므로 인식되지 않는다.

3.2.1 변수를 인식하는 Lex 예제

C 언어의 변수를 인식하는 Lex입력 파일을 아래 순서에 따라 작성하시오.

1) C 언어의 변수명의 첫번째 문자는 숫자를 제외한 영문자 및 '_' 로 시작하고 두 번째부터는 영문자, '_', 숫자를 사용할 수 있다. 아래 정의된 토큰 명칭을 사용하여 이를 인식하는 상태전이도를 그리시오.

표현	토큰
알파벳 문자	LETTER
숫자	DIGIT
_	UNDERBAR

2) 상태전이도를 이용하여 정규식으로 나타내시오.

3) 위 정규식을 이용하여 아래 화면과 같이 C 언어의 변수를 인식하는 Lex 입력 파일을 완성하시오.

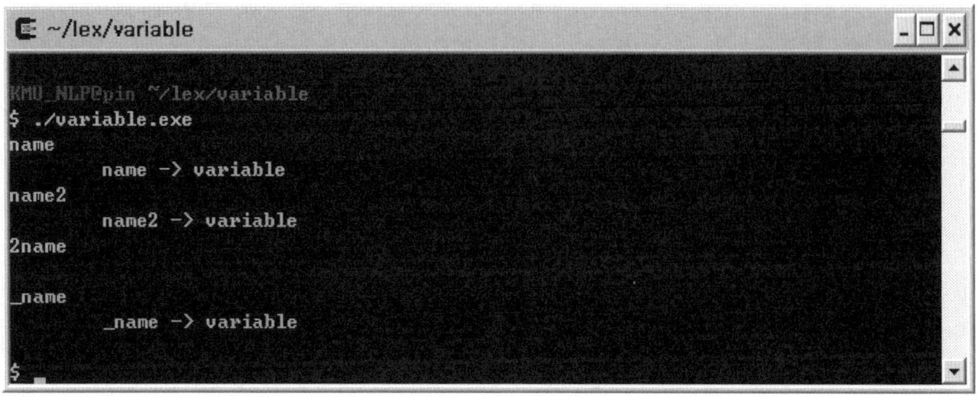

variable.l

```
%{
        /* C 언어의 변수 인식 */
        #include <stdio.h>
%}

LETTER [a-zA-Z]
DIGIT [0-9]
UNDERBAR _
%%
"이 부분을 완성하시오." { printf("₩t%s -> variable₩n", yytext); }
. ; //skip
%%
main()
{
        yylex();
}
```

3.2.2 정수를 인식하는 Lex 예제

C 언어의 정수를 인식하는 Lex입력 파일을 아래 순서에 따라 작성하시오.

1) C 언어의 정수는 8진수(0__), 10진수(__), 16진수(0x__) 정수가 있다. 아래 정의된 토큰 명칭을 사용하여 이를 인식하는 상태전이도를 그리시오.

표현	토큰 명칭
8진수	OCTAL
10진수	DIGIT
16진수	HEXA

2) 상태전이도를 이용하여 정규식으로 나타내시오.

3) 위 정규식을 이용하여 아래 화면과 같이 C 언어 정수를 인식하는 Lex 입력 파일을 완성하시오.

integer.l

```
%{
        /* C 언어의 정수 인식 */
        #include <stdio.h>
%}
DIGIT [0-9]
OCTAL [0-7]
HEXA [0-9a-fA-F]
%%
"이 부분을 완성하시오." { printf("₩t%s -> 8진수 정수₩n", yytext); }
"이 부분을 완성하시오." { printf("₩t%s -> 10진수 정수₩n", yytext); }
"이 부분을 완성하시오." { printf("₩t%s -> 16진수 정수₩n", yytext); }
%%
main()
{
        yylex();
}
```

3.2.3 실수 상수를 인식하는 Lex 예제

C 언어의 실수 상수를 인식하는 Lex 입력 파일을 아래 순서에 따라 작성하시오.

1) C 언어의 실수 상수는 고정소수점 수(예: 12.345), 부동소수점 수(예: 12.34e+5) 형태로 구분된다. 부동소수점의 지수 표현은 e, E로 대소문자 구분없이 사용 가능하며 '+' 와 '– ' 부호를 사용하는데 '+' 부호는 생략할 수 있다. 아래 정의된 토큰 명칭을 사용하여 실수를 인식하는 상태전이도를 그리시오.

표현	토큰
숫자	DIGIT
e, E	EXPONENT
+, –	SIGN

2) 상태전이도를 이용하여 정규식으로 나타내시오.

3) 위 정규식을 이용하여 아래 화면과 같이 C 언어 실수를 인식하는 Lex 입력 파일을 완성하시오.

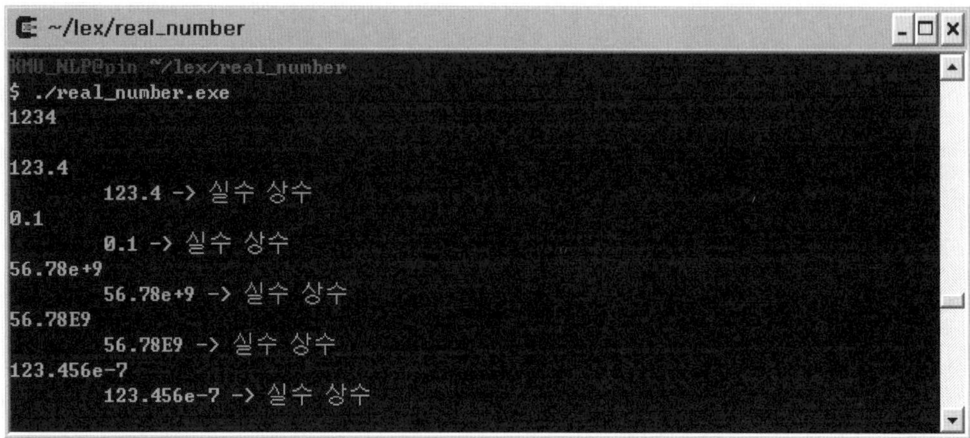

real_number.l

```
%{
        /* C 언어의 실수 인식 */
%}
DIGIT [0-9]
EXPONENT [eE]
SIGN [₩+-]
%%
"이 부분을 완성하시오." { printf("₩t%s -> 실수 상수₩n", yytext); }
. ; //skip
%%
main()
{
        yylex();
}
```

3.2.4 스트링 상수를 인식하는 Lex 예제

C 언어의 스트링 상수를 인식하는 Lex 입력 파일을 아래 순서에 따라 작성하시오.

1) C 언어의 스트링 상수는 이중 따옴표(“ “)으로 둘러쌓여 있다. 스트링 상수 안에서 이중 따옴표 문자를 사용하기 위해서는 \” 와 같이 이스케이프 문자를 사용한다. 아래와 같이 주어진 토큰을 사용하여 상태전이도를 그리시오.

표현	토큰
알파벳문자	LETTER
"	QUOTE
₩"	ESCAPE_QUOTE

2) 상태전이도에 대한 정규문법 및 정규식을 구하시오.

3) 위 정규식을 이용하여 아래 화면과 같이 C 언어의 스트링 상수를 인식하는 Lex 입력 파일을 완성하시오.

string_constant.l

```
%{
        /* 스트링 상수 인식 */
        #include <stdio.h>
%}
LETTER [a-zA-Z]
QUOTE ₩"
ESCAPE_QUOTE ₩₩₩"
%%
"이 부분을 완성하시오." { printf("₩t%s -> 스트링 상수₩n", yytext); }
. ; //skip
%%
main()
{
        yylex();
}
```

3.2.5 주석을 인식하는 Lex 예제

C 언어의 주석을 인식하는 Lex 입력 파일을 아래 순서에 따라 작성하시오.

1) C 언어의 주석은 //string 또는 /*string*/ 로 표기한다. "//" 는 한 줄에 대하여 모든 입력을 주석으로 생각하며, "/*" 와 "*/" 사이에는 /*****/ 와 같이 '*' 기호가 삽입될 수 있다. 아래 주어진 토큰을 사용하여 상태전이도를 그리시오.

표현	토큰 명칭
*와 ₩n을 제외한 모든 문자	C
*	STAR
//	BEGIN1
/*	BEGIN2
*/	END

2) 상태전이도를 이용하여 정규식으로 나타내시오.

3) 위 정규식을 이용하여 아래 화면과 같이 C 언어의 주석을 인식하는 Lex 입력 파일을 완성하시오.

```
~/lex/comment

KMU_NLP@pin ~/lex/comment
$ ./comment.exe
abcd

//abcd
        //abcd -> //주석
//abc def
        //abc def -> //주석
/*1234567*/
        /*1234567*/ -> /**/주석
string //comment
        //comment -> //주석
```

comment.l

```
%{
        /* 주석 인식 */
        #include <stdio.h>
%}
C [^₩n₩*]
STAR [₩*]
BEGIN1 "//"
BEGIN2 "/₩*"
END "₩*/"
%%
"이 부분을 완성하시오." {printf("₩t%s -> //주석₩n", yytext);}
"이 부분을 완성하시오." {printf("₩t%s -> /**/주석₩n", yytext);}
. ; //skip
%%
main()
{
        yylex();
}
```

3.2.6 C 언어 키워드를 인식하는 LEX 예제

C 언어의 키워드들을 인식하는 Lex입력 파일을 작성하고자 한다. C 언어의 키워드에는 int, char, double, if, else, switch, while, for, return 등이 있다. 아래와 같이 키워드를 인식하는 Lex 입력 파일을 완성하시오.

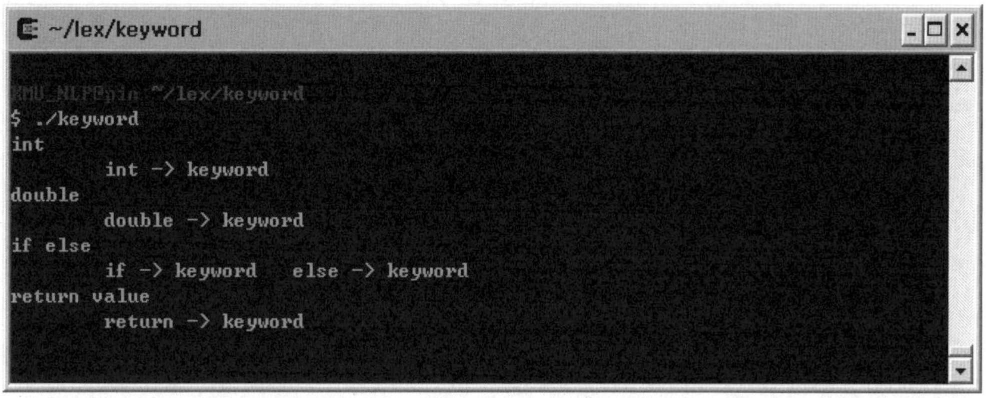

keyword.l

```
%{
        /* keyword */
%}
%%
"이 부분을 완성하시오." { printf("₩t%s -> keyword₩n", yytext); }
. ; //skip
%%
main()
{
        yylex();
}
```

3.2.7 C 언어 문장을 인식하는 Lex 예제

지금까지 실습한 내용을 활용하여 아래 예와 같이 C 언어 문장을 인식하는 Lex 입력 파일을 작성하시오.

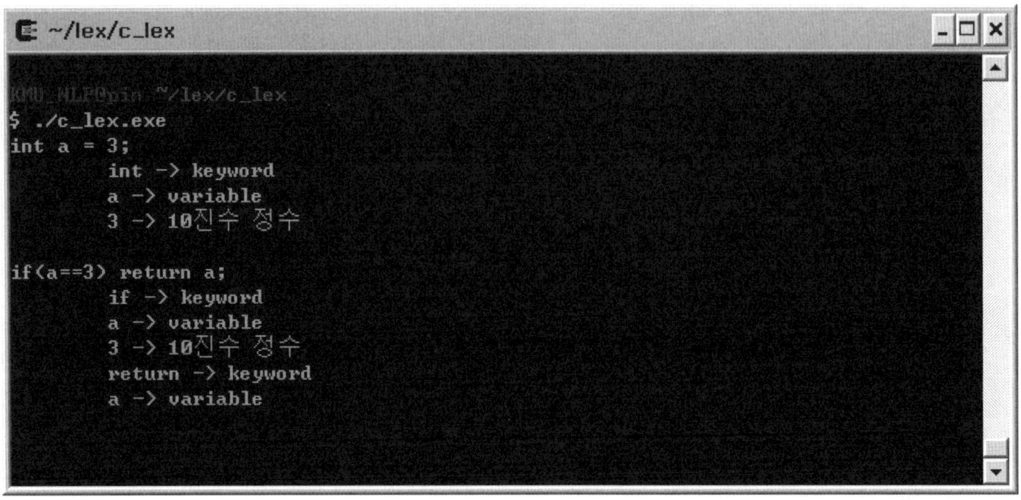

3.3 Lex 라이브러리 사용 예제

3.3.1 yyin과 yyout 사용 예제

Lex는 yyin과 yyout으로 입출력 장치를 변경할 수 있다. 기본값으로 yyin과 yyout은 표준 입출력을 가리킨다. 아래 Lex 입력 파일을 작성하고 물음에 답하시오.

wc.l

```
%{
	unsigned char_count=0, word_count=0, line_count=0;
%}
WORD [^ ₩t₩n]+
EOL ₩n
%%
{WORD} { word_count++; char_count += yyleng; }
{EOL}	{ line_count++; char_count++; }
.	char_count++;
%%
void main(int argc, char *argv[])
{
	if (argc > 1) {
		FILE *file;
		file = fopen(argv[1], "r");
		if (!file) {
			fprintf(stderr, "could not open %s₩n", argv[1]);
			exit(1);
		}
		yyin = file;
	}
	yylex();
	fprintf(yyout, "%d %d %d₩n", line_count, word_count, char_count);
	fclose(yyin);
}
```

1) wc.l을 입력 파일로 하여 실행한 결과는 어떻게 되는가?

2) yylex() 함수를 호출하기 전에 yyin에 한 행동은 무엇인가?

3) wc.l 의 규칙부에 있는 변수 yyleng 이 의미하는 것은 무엇인가?

4) yyout 을 사용하여 out.txt 파일로 출력 결과가 저장되도록 Lex 입력 파일을 수정하시오.

3.3.2 함수 yywrap 사용 예제

Lex는 입력 파일의 끝인 EOF문자를 만났을 때 함수 yywrap()을 호출한다. yywrap()은 입력의 종료를 알리는 값으로 1을 반환한다. 반환값이 0이면 입력의 종료를 나타내지 않으므로, Lex는 계속해서 새로운 입력을 받아들이게 된다. 아래 예제는 yywrap() 함수를 재정의하여 입력되는 여러 개의 파일을 모두 읽어서 문자, 단어, 라인의 빈도수를 계산하는 Lex 입력 파일이다.

mwc.l

```
%{
        char **file_list;
        int file_max_num;
        int file_current_num;
        unsigned char_count=0, word_count=0, line_count=0;
        unsigned total_char_count=0, total_word_count=0, total_line_count=0;
%}
WORD [^ ₩t₩n]+
EOL ₩n
%%
{WORD} { word_count++; char_count+=yyleng; }
{EOL}   { line_count++; char_count++; }
.       char_count++;
%%
void main(int argc, char *argv[])
{
        if (argc > 1) {
                FILE *file;
                file = fopen(argv[1], "r");
                if (!file) {
                        fprintf(stderr, "could not open %s₩n", argv[1]);
                        exit(1);
                }
                yyin = file;
                file_list = argv+1;
                file_max_num = argc-1;
                file_current_num = 0;
        }
        yylex();
        fprintf(yyout, "total₩t %d %d %d₩n", total_line_count,
                total_word_count, total_char_count);

        fclose(yyin);
}

int yywrap()
{
        FILE *file;
        fclose(yyin); //이전 파일처리를 종료한다.
        printCount(); //현재 파일에 결과 출력, total 변수값 업데이트, 기본 변수 초기화.

        file_current_num++;
```

```
        if(file_current_num < file_max_num){
                file = fopen(file_list[file_current_num], "r");
                if (!file) {
                        fprintf(stderr, "could not open %s₩n", file_list[file_current_num]);
                        exit(1);
                }
                yyin = file;
                return 0; //계속해서 읽을 새로운 입력이 존재함.
        }
        return 1; //더 이상 읽을 파일이 없음.
}

void printCount()
{
        fprintf(yyout, "%s₩t", file_list[file_current_num]);
        fprintf(yyout, "%d %d %d₩n", line_count, word_count, char_count);
        total_char_count += char_count;
        total_word_count += word_count;
        total_line_count += line_count;
        line_count=word_count=char_count=0;
}
```

1) 아래와 같이 실행한 결과는 무엇인가?

$ mwc.exe mwc.l lex.yy.c

2) 아래 순서도는 mwc.l 의 프로그램 흐름을 간단히 표현한 것으로써 아직 미완성 상태이다. 화살표를 적절히 사용하여 흐름을 연결시키고, 빈칸을 채워 넣으시오.

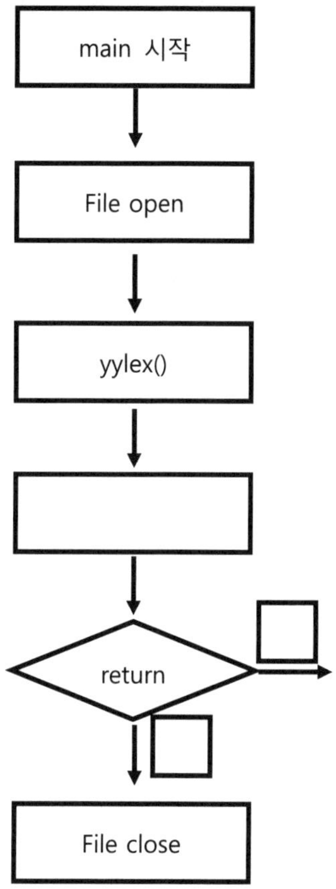

그림 3.2 yywrap 실행 과정

3.4 Lex 입력 파일 작성 실습

3.4.1 수식을 인식하는 Lex 입력 파일 작성

아래 수식에 대해 각 토큰을 인식하는 Lex 입력 파일을 작성하시오.

- (15.7 + -2^3) * 3.14 - (12.34 / sqrt(2) + abs(-12) % -7) + sin(x+y)) + cos(var1-var2)

<참고> 위 식에서 '^'는 지수승, '%'는 modula(정수 나눗셈의 나머지) 연산이다.

출력 방식: 각 토큰에 대해 아래와 같이 한 라인에 한 개씩 <인식된 스트링, 토큰명> 출력

정수: INT
실수: REAL
'+' : PLUS
'-' : MINUS
'*' : MUL
'/' : DIV
'%' : REM
'^' : EXP
'(' : LPAREN
')' : RPAREN
sqrt: SQRT
sin: SIN
cos: COS
abs: ABS
x, y, var1, var2: VAR

3.4.2 수식 토큰들을 <토큰, 토큰값>으로 출력

위에서 작성한 Lex 입력 파일을 수정하여 아래와 같은 출력 양식으로 출력하도록 Lex 입력 파일을 작성하시오.

<참고> INT, REAL, ... VAR 를 열거형으로 정의하여 정수, 실수, 명칭(변수)에 대해서는 <token number, token value>, 기타 토큰들에 대해서는 <token number, 0> 를 출력한다.

enum { ERROR, INT, REAL, PLUS, MINUS, ..., VAR };

3.4.3 아라비아 숫자로 변환하는 Lex 입력 파일 작성

아래 예와 같이 연월일, 시분초 부분을 아라비아 숫자로 변환하는 프로그램을 Lex를 이용하여 작성하시오.

입력: "이천십일년 시월 이십오일 오후 두시 삼십분 사십오초"
출력: "2011 년 10 월 25 일 P.M. 2 시 30 분 45 초"

<참고> 다양한 숫자 표현이 처리되도록 한다.

3.4.4 C 언어 프로그램의 토큰 인식

아래 C 소스에 대해 각 토큰을 인식하는 프로그램을 Lex를 이용하여 작성하시오.

```
int i, j, n, temp;
int sum=0, arr[100];

for (i=0; i < n-1; i++) {
        for (j=i+1; j < n; j++) {
                if (arr[i] > arr[j]) {
                        temp = arr[i];
                        arr[i] = arr[j];
                        arr[j] = temp;
                }
        }
}

while (--n >= 0) sum += arr[n];
```

인식된 토큰은 <token number, token value> 형태로 출력하고, token number는 열거형으로 각자 정의한다.

제4장 파서 구현 방법

파서(parser)는 입력 문장(input sentence)에 대해 어휘 분석기가 인식한 토큰들을 입력으로 받아서 입력 문장의 구조를 분석하여 입력 문장이 문법적으로 옳은지를 검사한다. 입력 문장에 대한 파서의 분석 결과는 파스 트리(parse tree) 혹은 구문 트리(AST: abstract syntax tree)로 출력한다. 파스 트리는 입력 문장을 분석하는데 적용된 생성 규칙들을 트리 구조 형태로 구성한 것이며, 구문 트리는 파스 트리를 생성할 때 단일 생성 규칙과 같이 파싱 결과를 활용할 때 불필요한 부분은 생략하고 목적 코드로 생성되어야 할 의미가 있는 내용을 트리 형태로 구성한 것이다.

파서를 구현하는 방법으로는 좌단 유도(leftmost derivation) 방식에 따라 시작 기호(start symbol)로부터 입력 문장을 생성하는 하향식 파싱(top-down parsing)과 우단 역유도(inverted rightmost derivation) 방식에 따라 입력 문장에 대해 생성 규칙을 역방향으로 적용하여 reduce 과정에 의해 최종적으로 시작 기호를 유도하는 상향식 파싱(bottom-up parsing)이 있다.

Top-down 파싱은 파스 트리를 구성할 때 시작 기호인 루트 노트로부터 단말 노드 방향으로 트리를 구성하므로 하향식 파싱이라고 한다. 마찬가지로, bottom-up 파싱은 단말 노드인 입력 문장으로부터 루트 노드 방향으로 트리를 구성하기 때문에 상향식 파싱이라고 한다.

Top-down 파서는 좌단 유도 과정에서 생성 규칙을 적용할 때 적용 가능한 생성규칙이 2개 이상일 때 백트래킹 방법을 이용하여 구현이 가능하다. 스택에는 초기값으로 시작 기호를 push 하고, 스택의 top에 있는 논터미널에 대해 생성 규칙을 적용하는 expand 연산에 의해 입력 문장의 좌측 터미널부터 우측 방향으로 입력 문장을 생성한다. 스택의 top 부분에 생성된 터미널은 입력 문장의 터미널과 비교했을 때 동일해야 하며, 이 터미널 기호를 스택에서 pop하고 입력 버퍼의 터미널도 함께 삭제하여 다음 기호 위치로 진행한다. Top-down 파서의 기본 연산은 expand, pop, advance이다.

백트래킹이 없는 결정적 파싱을 하기 위해서는 문법이 LL 조건을 만족해야 한다. LL 조건을 만족하는 문법을 구현하는 방법으로는 recursive descent 파서와 predictive 파서가 있다. Top-down 파서는 좌순환(left-recursive) 규칙이 존재할 때 무한 루프에 빠지게 되므로 좌순환 규칙은 우순환 규칙으로 고쳐쓴 후에 파서를 구현해야 하는 단점이 있다.

우단 역유도 방식을 이용하는 bottom-up 파서는 shift-reduce 방식으로 구현된다. 이 때, LR 조건을 만족하는 문법에 대해서는 백트래킹 없이 결정적인 방법으로 작동하는 파서를 구현할 수 있다. 결정적인 방법으로 구현한 shift-reduce 파서를 LR 파서라고 한다.

4.1 FIRST와 FOLLOW 함수

FIRST와 FOLLOW를 구하는 방법에 따라 어떤 문법이 주어졌을 때 각 논터미널들에 대한 FIRST와 FOLLOW를 구하는 프로그램을 작성할 수 있다.

FIRST(X) 구하는 방법

1. X가 터미널 기호 a이면, FIRST(a) = { a } 이다.
2. $X \rightarrow a\alpha$ 의 생성규칙이 존재할 때 RHS의 첫 번째 기호가 터미널이면, FIRST(X)에 터미널 a를 포함시킨다.
3. X가 ε 생성규칙을 가지면 FIRST(X)에 ε을 포함시킨다.
4. $X \rightarrow X_1X_2 \cdots X_k$ 인 생성규칙이면
   $FIRST(X) = FIRST(X_1)$, if $\varepsilon \notin FIRST(X_1)$
   $FIRST(X) = (FIRST(X_1) - \{ \varepsilon \}) \cup FIRST(X_2 \cdots X_k))$, if $\varepsilon \in FIRST(X_1)$

   위 내용을 ring sum연산으로 기술하면 아래와 같다.
   $FIRST(X) = FIRST(X_1) \oplus FIRST(X_2) \oplus \cdots \oplus FIRST(X_k)$

   <참고> Ring sum: 합집합과 유사한 집합 연산
   $A \oplus B = A$, if $\varepsilon \notin A$
   $A \oplus B = (A \quad \{ \varepsilon \}) \cup B$, if $\varepsilon \in A$

FOLLOW(X) 구하는 방법

1. 시작 심벌 S의 FOLLOW(S)는 초기값으로 $를 갖는다.
2. $A \rightarrow \alpha B \beta$, $\beta \neq \varepsilon$ 의 생성규칙에서 FOLLOW(B)의 값은 FIRST(β)에서 ε을 제외한 터미널 기호를 추가한다.
3. $A \rightarrow \alpha B$ 또는 $A \rightarrow \alpha B \beta$, ($\beta \overset{*}{\Rightarrow} \varepsilon$)의 생성 규칙에서 FOLLOW(B)의 값은 FOLLOW(A)를 추가한다.

G = ({S, A, B}, {a, b, c, d, e, f}, P, S)

P: S → AbB | BbB

A → aBb | bBb | cBb

B → d | e | f

위 문법에 대하여 FIRST, FOLLOW를 구현하기 전에 문법 G와 생성규칙 P를 표현하는 방법을 살펴보자.

1) 문법기호 테이블

```
#define N_NONTERMINAL   3
#define N_TERMINAL   7   // terminal num + epsilon
#define N_RHS   8
#define MAX_CFG_STRING 10

char non_terminal[N_NONTERMINAL] = {'S', 'A', 'B'};
char terminal[N_TERMINAL] = {'a', 'b', 'c', 'd', 'e', 'f', '@'}; //@ = epsilon
```

문법기호 테이블은 생성규칙에서 사용되는 문법기호들을 모두 정의한 테이블이다. 논터미널은 문법 G에 나타난 논터미널 개수만큼 char 배열로 표시한다(char non_terminal[]). 마찬가지로, 터미널 기호들도 char 배열을 사용하여 표시한다(char terminal[]). 이때, 터미널에는 epsilon을 추가해 준다.

2) 생성규칙 구현 방법

```
char cfg[N_RHS][MAX_CFG_STRING] = {  // 생성규칙
        // {LSH, RHS...}
        {'S', 'A', 'b', 'B'},
        {'S', 'B', 'b', 'B'},
        {'A', 'a', 'B', 'b'},
        {'A', 'b', 'B', 'b'},
        {'A', 'c', 'B', 'b'},
        {'B', 'd'},
        {'B', 'e'},
        {'B', 'f'},
};
```

생성규칙의 LHS와 RHS는 2차원 배열로 구현한다. 각 행은 하나의 생성규칙을 나타내며, 각 행에서 인덱스 0은 LHS이고 인덱스 1부터 RHS를 저장한다.

예를 들어, 생성규칙 S -> AbB | BbB 는 아래와 같이 구현할 수 있다.

{'S', 'A', 'b', 'B'},
{'S', 'B', 'b', 'B'},

앞에서 설명한 생성규칙들은 아래와 같이 구현된다.

First_Follow.c (입력 정보 구현)

```
#include <stdio.h>
/*
        S -> AbB | BbB
        A -> aBb | bBb | cBb
        B -> d | e | f
*/
#define N_NONTERMINAL 3
#define N_TERMINAL 7 // terminal num + epsilon
#define N_RHS 8
#define MAX_CFG_STRING 10

char non_terminal[N_NONTERMINAL] = {'S', 'A', 'B'};
char terminal[N_TERMINAL] = {'a', 'b', 'c', 'd', 'e', 'f', '@'};   //@ = epsilon

char cfg[N_RHS][MAX_CFG_STRING] = {   // 생성규칙
        // {LSH, RHS...}
        {'S', 'A', 'b', 'B'},
        {'S', 'B', 'b', 'B'},
        {'A', 'a', 'B', 'b'},
        {'A', 'b', 'B', 'b'},
        {'A', 'c', 'B', 'b'},
        {'B', 'd'},
        {'B', 'e'},
        {'B', 'f'},
};

// 각 nonterminal에 대한 FIRST(X)를 기록하는 자료구조 (terminals + epsilon)
int record_first[N_NONTERMINAL][N_TERMINAL] = {0};

// 각 nonterminal에 대한 FOLLOW를 기록하는 자료구조 (terminals + 시작기호 $)
int record_follow[N_NONTERMINAL][N_TERMINAL+1] = {0};
```

여기서 record_first와 record_follow는 각 논터미널에 대한 FIRST, FOLLOW 계산 시 해당 터미널들이 논터미널에서 발생한 정보를 표시하기 위한 배열이다.

아래는 FIRST, FOLLOW를 구하는데 필요한 기본 함수들이다.

First_Follow.c (기본 함수들)

```
int get_nonterminal_num(char ch)
{
        int i;
        for (i=0; i < N_NONTERMINAL; i++) {
                if (ch == non_terminal[i]) return i;
        }
        return -1;
}

int get_terminal_num(char ch)
{
        int i;
        for (i=0; i < N_TERMINAL; i++) {
                if (ch == terminal[i]) return i;
        }
        return -1;
}

int is_terminal(char ch)
{
        // 영문 대문자이면 nonterminal
        if ('A' <= ch && ch <= 'Z') return 0;

        //그외 모두 terminal
        return 1;
}
```

get_nonterminal_num() 함수는 인자로 전달된 논터미널에 대해 논터미널 배열의 인덱스를 리턴해 주는 함수이다. 이 함수는 follow 연산에서 논터미널 인덱스가 0이면, 시작기호의 FOLLOW인 '$'를 추가하기 위한 목적으로 사용될 수 있다.

get_terminal_num() 함수는 인자로 전달된 터미널 기호에 대해 터미널 배열의 인덱스를 리턴해 주는 함수이다. 이 함수는 record_fisrt, record_rollow에 기록될 터미널 기호에 대한 인덱스를 찾기 위해 사용된다.

is_terminal() 함수는 문법기호가 터미널인지, 논터미널인지를 판단한다. 여기서는 기본적으로 영문 대문자를 논터미널로 간주하고 그 이외의 문자들은 모두 터미널로 간주한다.

FIRST(X)를 구하는 함수는 아래와 같이 구현된다.

First_Follow.c (FIRST 계산 함수)

```
void first(char *cur_cfg_RHS, int *cur_record_first)
{
	int i, record_num;
	char *cur_cfg = NULL;
	char cur_nonterminal = *cur_cfg_RHS;

	if (cur_cfg_RHS == NULL) return;
	if (is_terminal(*cur_cfg_RHS)) { //terminal
		record_num = get_terminal_num(*cur_cfg_RHS);
		cur_record_first[record_num] = 1; //terminal record.
	} else { //nonterminal
		for (i=0; i<N_RHS; i++) {
			cur_cfg = cfg[i];
			if (cur_nonterminal==cur_cfg[0]) {
				//LHS의 nonterminal과 현재 구해야할 nonterminal이 같으면.
				first(&cur_cfg[1], cur_record_first);
			}
		}
	}

	if (cur_record_first[N_TERMINAL-1]) { //위 과정에서 epsilon 발견된 경우
		/* FIRST(Y1Y2Y3..Yk) = FIRST(Y1) - {epsilon}) U FIRST(Y2Y3...Yk) */
		if (*(cur_cfg_RHS+1) != 0) { //맨 마지막 Yk가 아니라면.
			cur_record_first[N_TERMINAL-1] = 0; //epsilon 제거
			first(cur_cfg_RHS+1, cur_record_first);
		}
	}
}

void get_firsts()
{
	int i, j;
	char cur_nonterminal;
	char *cur_cfg = NULL;

	/* 각 nonterminal들에 대하여 first계산 */
	for (i=0; i<N_NONTERMINAL; i++) {
		cur_nonterminal = non_terminal[i];
		for (j=0; j<N_RHS; j++) {
			cur_cfg = cfg[j];
			if (cur_nonterminal==cur_cfg[0]) {
```

```
                                        //LHS의 nonterminal과 현재 구해야할 nonterminal이 같으면.
                                        first(&cur_cfg[1], record_first[i]);
                                }
                        }
                }
}
```

get_first() 함수는 논터미널 개수만큼 순회하며 각 논터미널들에 대하여 first() 함수를 호출한다.

first() 함수는 앞에 정의된 FIRST(X) 구하는 방법에 의해 아래와 같이 구현된다.

1. RHS의 현재 상태가 터미널일 때
2. RHS의 현재 상태가 논터미널일 때
3. Epsilon이 있는 경우 ring sum 연산

ring sum 연산은 epsilon을 제거하고 다시 first() 함수를 호출하는 방법으로 구현하였다.

FOLLOW(X)를 구하는 함수는 아래와 같이 구현된다.

First_Follow.c (FOLLOW 계산 함수)

```
void follow(char cur_nonterminal, int *cur_record_follow)
{
    int i, j;
    char *cur_cfg_ch = NULL;
    char cur_cfg_nonterminal;

    if (get_nonterminal_num(cur_nonterminal)==0) { //시작기호이면, $기록.
        cur_record_follow[N_TERMINAL] = 1;
    }

    for (i=0; i<N_RHS; i++) {
        cur_cfg_nonterminal = cfg[i][0];
        cur_cfg_ch = cfg[i]+1;

        while (*cur_cfg_ch) { //RHS char 하나씩 살펴보면서
            // follow구할 nonterminal과 같은 nonterminal을 RHS에서 발견하면.
            if (*cur_cfg_ch==cur_nonterminal) {
                char next_ch = *(cur_cfg_ch+1);

                if (next_ch==0) { //next ch가 epsilon.
                    if (cur_cfg_nonterminal != cur_nonterminal)
                    //현재 계산하고 있는 follow(A), 계산할 follow(A), 같은 nonterminal A에
                    //대해서는 반복되므로 계산에서 제외.
                        follow(cur_cfg_nonterminal,cur_record_follow);
                } else if (is_terminal(next_ch)) { // next ch가 terminal: FIRST(a)=a
                    int record_num = get_terminal_num(next_ch);
                    cur_record_follow[record_num] = 1; //terminal record
                } else { //next ch가 nonterminal.
                    //(FIRST(A) = 이전의 구했던 FIRST(A) 이용하여 기록.
                    int nonterminal_num = get_nonterminal_num(next_ch);
                    for (j=0; j<N_TERMINAL; j++) {
                        if (record_first[nonterminal_num][j]) cur_record_follow[j] = 1;
                    }
                }

                if (cur_record_follow[N_TERMINAL-1]) { // epsilon이 존재하면
                    /* (FIRST(b)-{epsilon}) U FOLLOW(LHS) */
                    cur_record_follow[N_TERMINAL-1] = 0; //epsilon 제거
                    follow(cur_cfg_nonterminal, cur_record_follow);
                }
```

```
                break;
            } else cur_cfg_ch++;
        }
    }
}

void get_follows()
{
    int i;
    char cur_nonterminal;

    /* 각 nonterminal들에 대하여 follow계산 */
    for (i=0; i<N_NONTERMINAL; i++) {
        cur_nonterminal = non_terminal[i];
        follow(cur_nonterminal, record_follow[i]);
    }
}
```

함수 get_follows()는 각 논터미널들에 대하여 follow() 함수를 호출한다. follow() 함수는 FOLLOW 구하는 방법에 따라 각 생성규칙의 RHS에 나타난 논터미널 B에 대해 FOLLOW(B)를 아래와 같은 방법으로 구한다.

$A \rightarrow aB\beta$ 일 때,

1. FIRST(β)에 ε이 포함되지 않은 경우
   FOLLOW(B) = FIRST(β)
2. FIRST(β)에 ε이 포함된 경우
   FOLLOW(B) = (FIRST(β) − {ε}) ∪ FOLLOW(A)
3. $\beta = \varepsilon$ 일 때, 즉 $A \rightarrow aB$인 경우
   FOLLOW(B) = FOLLOW(A)
4. B가 시작기호인 경우, 입력 스트링의 끝 표시 '$' 추가
   FOLLOW(B) = FOLLOW(B) ∪ {$}

follow() 함수에서 $\beta = \varepsilon$ 인 경우에 if (cur_cfg_nonterminal != cur_nonterminal) 조건이 있다. 이는 "B → +CB" 의 예와 같은 생성규칙에서 FOLLOW(B)를 구하기 위해서 다음 상태가 ε이기 때문에 또다시 FOLLOW(B)를 호출하여 무한 루프가 발생하는 것을 방지하기 위한 것이다.

아래 함수들은 FIRST, FOLLOW를 출력 및 실행하는 함수들이다.

First_Follow.c (run function)

```
void put_follows()
{
	int i, j;
	printf("₩n<follow>₩n");
	for (i=0; i<N_NONTERMINAL; i++) {
		printf("FOLLOW(%C) = ", non_terminal[i]);

		for (j=0; j<N_TERMINAL; j++) {
			if (record_follow[i][j]) {
				printf("%c ", terminal[j]);
			}
		}
		if (record_follow[i][N_TERMINAL]) printf("$");
		printf("₩n");
	}
}

void put_firsts()
{
	int i,j;

	printf("₩n<first>₩n");
	for (i=0; i<N_NONTERMINAL; i++) {
		printf("FIRST(%C) = ", non_terminal[i]);

		for (j=0; j<N_TERMINAL; j++) {
			if (record_first[i][j]) printf("%c ", terminal[j]);
		}
		printf("₩n");
	}
}

void put_cfg()
{
	int i;
	int check_same_nonterminal=0;
	char pre_nonterminal=0;
	char *cur_cfg = NULL;

	printf("<input cfg>₩n");
	for (i=0; i<N_RHS; i++) {
		if (pre_nonterminal!=0 && pre_nonterminal==cfg[i][0])
			check_same_nonterminal = 1;
		cur_cfg = cfg[i];
		pre_nonterminal = cfg[i][0];

		if (check_same_nonterminal) {
```

```
                    printf(" | ");
                    cur_cfg++;
                    check_same_nonterminal = 0;
            } else {
                    if (i==0) printf("%c -> ", *cur_cfg++);
                    else printf("\n%c -> ", *cur_cfg++);
            }
            while (*cur_cfg) {
                    printf("%c", *cur_cfg++);
            }
        }
        printf("\n");
}

void main()
{
        put_cfg();

        get_firsts();
        put_firsts();

        get_follows();
        put_follows();
}
```

아래 문법들에 대하여 FIRST와 FOLLOW를 구하고, 작성한 프로그램으로 계산한 결과와 비교해 보시오.

---

1)

A → aB | Bb
B → bC | Cc
C → c

2)

E → TE′
E′ → +TE′ | **ε**
T → FT′
T′ → *FT′ | **ε**
F → (E) | id

3)

S → aSA | **ε**
A → abS | c

4.2 LL 파서

LL 파서는 top-down 방식으로 분석하는 구문 분석기이며, 입력 스트링을 왼쪽에서 오른쪽으로 읽어가며 좌단 유도 방식에 따라 문장의 구조를 분석하고 좌단 유도 과정에서 적용된 생성규칙들에 대해 좌파스(left parse)를 생성한다.

4.2.1 Recursive-descent 파서

Recursive-descent 파서는 모든 터미널, 논터미널들에 대하여 각각 함수를 작성함으로써 구현된다. 각 터미널을 인식하는 함수는 현재의 입력 기호가 자신의 터미널과 같은지 확인하는 것이고, 논터미널에 대한 함수는 현재의 입력 기호를 생성할 수 있는 생성규칙을 선택하여 해당 생성규칙의 RHS를 구성하는 문법기호들에 대한 함수를 호출한다.

Recursive-descent 파서는 구현하기가 쉬우나 생성규칙이 하드코딩(hard coding)되어 있으므로 생성규칙을 수정하거나 다른 문법에 대한 파서를 구현할 때 구문 분석기 소스를 다시 작성해야 하는 단점이 있다.

$$G = (\{S, A\}, \{a, b\}, P, S)$$

$$\begin{aligned} P:\ & S \rightarrow aAb \\ & A \rightarrow aS \\ & A \rightarrow b \end{aligned}$$

위 문법에 대한 Recursive-descent 파서는 아래와 같이 작성된다.

Recursive_descent.c

```
#include <stdio.h>

char ch;
int errflag = 0;

/*
	Recognition-failed message.
*/
void error()
{
	if (!errflag) {
		puts("FAIL");
		errflag = 1;
	}
}

void pa()
{
	if (ch == 'a')
		ch = getchar();
```

```
        else error();
}

void pb()
{
        if (ch == 'b')
                ch = getchar();
        else error();
}

/*
        S --> aAb
*/
void pS()
{
        void pA();

        if (ch == 'a') {
                pa(); pA(); pb();
        } else error();
}

/*
        A --> aS
        A --> b
*/
void pA()
{
        switch (ch) {
        case 'a':
                pa(); pS();
                break;
        case 'b':
                pb();
                break;
        default:
                error();
        }
}


void main()
{
        ch = getchar();
        pS();
        if (!errflag && ch == '$') puts("OK");
        else error();
}
```

1) 아래 스트링들을 입력하여 실습하고 파서가 올바르게 작동하는지 확인하시오.

ab
abb
aabb
aaabbb
aaaaabbbb
aaaaaaabbbbb

2) 아래 문법에 대한 Recursive-descent 파서를 작성하시오.

$$G = (\{S, A\}, \{a, b\}, P, S)$$

P: S → aAS
S → a
A → SbA
A → SS
A → ba

4.2.2 Predictive 파서

Predictive 파서는 생성 규칙이 바뀔 때마다 구문 분석 부분을 재작성할 필요없이 파싱표만 수정하면 된다. Predictive 파서의 작동 방법은 아래와 같다.

Predictive 파서 작동 방법

1. pop: 스택의 top 에 있는 기호와 현재 입력 기호가 같으면, 스택의 top 에 있는 기호 및 현재 입력 기호를 제거한다. 두 기호가 서로 다른 경우는 파싱 오류이다.
2. expand: 스택의 top 에 있는 기호가 논터미널이면, 해당 논터미널에 대한 생성규칙의 RHS 로 대치시킨다. 생성규칙 A → BCD 로 확장한다는 것은 A 를 스택의 top 에서 제거하고 RHS 의 역순으로 D, C, B 를 순서대로 스택에 push 하여 스택의 top 은 B 가 된다. RHS 를 역순으로 push 하는 이유는 좌단 유도이기 때문이다.
3. accept: 스택의 top 과 입력 스트링 모두 $인 경우이며, 입력 스트링에 대한 파싱이 성공적으로 종료된 것이다.
4. error: 스택의 top 이 논터미널이고 이것으로부터 현재 입력 기호를 유도할 수 없을 때 입력 스트링은 문법에 어긋나는 파싱 오류이다.

다음은 위 방식으로 작동하는 predictive 파서를 구현한 예이다.

Predictive.c

```
#include <stdio.h>

#define NONTERMINALS 2
#define TERMINALS 4
#define RULESIZE 4
#define MAX 100

char create_rule[RULESIZE][MAX];
int parsing_table[NONTERMINALS][TERMINALS];
char stack[999];
int top;

void input_data(char *str)
{
        scanf("%s", str);
        strcat(str, "$");
}

/*
        1. S -> aSb
        2. S -> bA
        3. A -> aA
        4. A -> b

        문자를 인덱스로 표시하기 위하여 아래와 같이 차례대로 A, B..nonterminal 이름 변경.

        1. A -> aAb
        2. A -> bB
        3. B -> aB
        4. B -> b
*/
void load_create_rule()
{
        strcpy(create_rule[0], "aAb");
        strcpy(create_rule[1], "bB");
        strcpy(create_rule[2], "aB");
        strcpy(create_rule[3], "b");

}

/*
          Vn/Vt |       a        b        $
          -------------------------------------
            S   |       1        2
            A   |       3        4
        생성 규칙이 없는 빈칸은 -1 로 표시.

        1. S -> aSb
        2. S -> bA
        3. A -> aA
```

```
	4. A -> b
*/
void load_parsing_table()
{
	parsing_table[0][0] = 0;
	parsing_table[0][1] = 1;
	parsing_table[1][0] = 2;
	parsing_table[1][1] = 3;
}

char stack_top()
{
	return stack[top-1];
}

void push(char ch)
{
	stack[top++] = ch;
}

void pop()
{
	top--;
}

void init_stack()
{
	top=0;
	push('$');
	push('A');
}

int is_nonterminal(char ch)
{
	if ('A' <= ch && ch <= 'Z') return 1;
	else return 0;
}

void predictive_parsing(int table[NONTERMINALS][TERMINALS], char rule[RULESIZE][MAX], char
*input)
{
	char *p = input;
	char *str_p = rule[index];
	int i, index, len = strlen(str_p);

	while (*p != '$') {
		if (*p == stack_top()) { /* pop */
			pop();
			p++;
		} else { /* expand -- nonterminal */
			index = parsing_table[stack_top()-'A'][*p-'a'];
			if (index != -1) {
```

```
                        printf("[생성규칙 %d] %c -> %s\n", index, stack_top(), str_p);
                        pop();
                        for (i=len-1; i>=0; i--) {
                                push(str_p[i]);
                        }
                } else { /* error */
                        printf("[error] %c -> %c\n", stack_top(), *p);
                        exit(0);
                }
        }
    }
    if (*p == '$' && stack_top() == '$') /* accept */
        printf("[accept]\n");
    else printf("[error] is not stack empty \n");
}

void main()
{
    char input[100];

    load_create_rule();
    load_parsing_table();

    input_data(input);
    init_stack();

    predictive_parsing(parsing_table, create_rule, input);
}
```

1) 아래 입력 문장들에 대해 파싱 성공, 또는 실패 여부를 확인하시오.

bb
abb
abbb
ababb
aaabbbb
aaabbbbb

2) 아래 문법과 파싱표를 보고, load_create_rule, load_parsing_table 함수를 수정하여 이 문법에 대해 파서가 작동하도록 수정하시오.

문법: 1. S -> aS
2. S -> bA
3. A -> d
4. A -> ccA

파싱 테이블:

V_N \ V_T	a	b	c	d	$
S	1	2	−1	−1	
A	−1	−1	4	3	

4.3 LR 파서

LR 파서는 bottom-up 방법으로 분석하는 구문 분석기이다. LR에서 L은 입력 스트링을 왼쪽에서 오른쪽으로 읽어가는 left-to-right scanning 방식을 의미하고, R은 우단 역유도(inverted rightmost derivation)를 의미한다. 파서의 출력 결과는 적용된 생성규칙의 역순인 우파스(right parse)에 대한 파스 트리이다.

4.3.1 LR 파서

LR 파서는 다른 생성규칙에 대한 파서를 구현할 때 구문 분석기의 소스를 수정하지 않고 단지 파싱표만 교체하는 방식으로 파서를 구현할 수 있다.

G = ({LIST, ELEMENT}, {a, ‘,’ }, P, LIST)

P:

1. LIST → LIST , ELEMENT
2. LIST → ELEMENT
3. ELEMENT → a

위 문법에 대하여 LR 파서에서 터미널과 논터미널, 생성규칙, 그리고 파싱표를 구현하는 방법을 살펴보자.

1) 문법기호 테이블

```
char term_tab[N_TERMINALS+N_NONTERMINALS+1] = {
        'a',
        ',',
        '₩n',     // end of input sentence -- '$'
        'L',
        'E'
};
```

문법기호 테이블은 생성규칙에서 사용되는 문법기호들을 모두 정의한 것으로 이 테이블은 터미널, 논터미널, 그리고 입력의 끝 표시로 구성된다. 위 문법기호 테이블은 문법 G에 정의된 터미널 a와 ‘,’, 그리고 논터미널 LIST와 ELEMENT를 정의한 예이다.

2) 생성규칙 구현 방법

```
int cfg[N_CFG_RULES+1][CFG_SIZE] = {
        { 0 },
        { 3, 3, 3, 1, 4, -1 },          // LIST -> LIST , ELEMENT
        { 1, 3, 4, -1 },                // LIST -> ELEMENT
        { 1, 4, 0, -1 }                 // ELEMENT -> a
};
```

생성규칙의 LHS와 RHS를 2차원 배열 cfg로 구현하는데 인덱스 0 부분인 cfg[0]는 비워두고 인덱스 1부터 생성규칙의 개수 n까지 각 생성규칙을 저장하였다. LHS와 RHS는 문법기호 테이블에 정의되어 있는 정수값으로 표기한다. 행은 하나의 생성규칙을 나타내며, 열은 차례대로 RHS의 길이, LHS, RHS이다. RHS의 끝표시는 −1로 하였다. 예를 들어, 생성 규칙 LIST → LIST, ELEMENT 를 아래와 같이 구현할 수 있다.

3 −> 3 1 4

cfg[i][0]에는 RHS의 길이를 저장하도록 하였다. 아래 생성규칙은 |RHS| = 3 이므로 이 생성규칙은 아래와 같이 표현된다.

{ 3, 3, 3, 1, 4, −1 },// LIST −> LIST , ELEMENT

3) 파싱표 구현 방법

```
int partab[N_STATES][N_TERMINALS+N_NONTERMINALS+1] = {
        { 3, 0, 0, 1, 2},               //state 0
        { 0, 4, ACCEPT, 0, 0},          //state 1
        { 0,-2,-2, 0, 0},               //state 2
        { 0,-3,-3, 0, 0},               //state 3
        { 3, 0, 0, 0, 5},               //state 4
        { 0,-1,-1, 0, 0},               //state 5
};
```

파싱표는 문법기호 테이블과 생성규칙 테이블에서 정의한 값들을 이용하여 구현한다. 파싱표의 행은 상태(state)를 나타내고, 열은 문법기호를 나열한다. 문법기호가 터미널인 부분은 action table이고, 이 테이블에서 행과 열이 만나는 지점에는 현재 상태에서 해당 심벌을 보았을 때 수행할 행동 4가지 shift, reduce, accept, error를 기록한다. shift 행동은 다음 상태를 양수값으로 표현하고, reduce 행동은 해당 생성규칙의 번호를 음수값으로 저장하였다. 값이 0이면 error를 나타내며, ACCEPT는 파싱 테이블에서 사용되지 않는 임의의 값으로 정의하여 사용한다. 위 예제 파싱표에서 partab[i][0~2] 부분이 ACTION table이다. partab[0][0] = 3은 0번 상태에서 인덱스 0에 해당하는 터미널 a에 대해 shift 3을 의미한다. partab[2][1] = -2 는 현재 상태 2에서 입력 토큰이 ',' 이면 파싱표의 값이 -2이므로 2번 생성규칙에 의해 reduce 행동을 수행한다는 것을 의미한다. 2번 생성규칙은 생성규칙 테이블에 LIST -> ELEMENT 로 기술되어 있다.

파싱표의 논터미널 기호 부분 partab[i][3~4]는 GOTO table이다. partab[0][3] = 1 은 현재 상태 0에서 논터미널 LIST에 대해 next state가 1번이라는 의미이다.

LR 파서를 구현한 예는 아래와 같다.

LR_parser.c

```
#include <stdio.h>
#include "parsetab1.h"

#define SENT_SIZE        1024
#define STACK_SIZE       1024
#define MAX_RULES        9999

/*
 * return value: 입력심볼에 대한 token number
 */
int conv_terminal2int(char input_symbol)
{
        int i;

        for (i=0; i < N_TERMINALS+1; i++) {
                if (input_symbol == term_tab[i])
                        return i;
        }
        return 0;
}

/*
 * 입력문장을 token number로 변환
 */
int conv_string2token(char input_buffer[], int input[])
{
        int i;

        for (i=0; input_buffer[i]; i++) {
                input[i] = conv_terminal2int(input_buffer[i]);
//              printf("%d: %c -- %d₩n", i, input_buffer[i], input[i]);
        }
        input[i] = 0;
```

```
}

void put_cfg_rule(int rule)
{
        int i;

        printf("₩t%d: ", rule);         // 생성규칙 번호

//      printf("%d ->", cfg[rule][1]);              // LHS
        printf("%c ->", term_tab[cfg[rule][1]]);            // LHS

        for (i=0; i < cfg[rule][0]; i++) {
//              printf(" %d", cfg[rule][i+2]);              // RHS
                printf(" %c", term_tab[cfg[rule][i+2]]);            // RHS
        }
        printf("₩n");
}

void put_right_parse(int n_rp, int right_parse[])
{
        int i;

        printf("Output: right parse₩n");
        for (i=0; i < n_rp; i++)
                put_cfg_rule(right_parse[i]);           // right parse -- 적용된 생성규칙 출력
}

int LR_parse(int input[], int right_parse[])
{
        int i=0;  // index of next symbol
        int next_symbol;

        int stack[STACK_SIZE];
        int tp=0;// stack top

        int op;  // shift/reduece/accept/error
        int n_rp=0;

        stack[tp++] = 0; // start state;
        next_symbol = input[i++];
        while (1) {
                op = partab[stack[tp-1]][next_symbol];

                if (op == ACCEPT) {
                        return n_rp;
                } else if (op == 0) {           // ERROR
                        return -n_rp;
                } else if (op > 0) {            // shift operation
                        stack[tp++] = next_symbol;          // shift
                        stack[tp++] = op;           // next state
                        next_symbol = input[i++];
                } else if (op < 0) {            // reduce operation
```

```
                    tp -= cfg[-op][0] * 2;        // stack에서 생성규칙의 RHS 제거
                    if (tp <= 0) printf("ERROR -- stack pointer under flow₩n");
                    stack[tp] = cfg[-op][1];      // stack에 LHS push
                    stack[tp+1] = partab[stack[tp-1]][stack[tp]]; // stack에 next state push
                    tp += 2;

//                  put_cfg_rule(-op);// right parse -- 적용된 생성규칙 출력
                    if (n_rp < MAX_RULES) right_parse[n_rp++] = -op;
            }
        }
}

main()
{
        char input_buffer[SENT_SIZE];
        int input[SENT_SIZE];         // token number로 변환된 입력 문장
        int n_rp, right_parse[MAX_RULES]; // 적용된 생성규칙을 순서대로 저장

        printf("Input sentence = ");
        fgets(input_buffer, SENT_SIZE, stdin);
        conv_string2token(input_buffer, input);

        n_rp = LR_parse(input, right_parse);

        if (n_rp > 0) {
                put_right_parse(n_rp, right_parse);
                puts("ACCEPT");
        } else {
                put_right_parse(-n_rp, right_parse);
                puts("ERROR");
        }
}
```

LR 파서는 구문 분석기를 구현할 때 생성규칙을 2차원 배열로 된 파싱표에 저장하고 이 파싱표에 따라 구문 분석을 수행한다. 즉, 모든 CFG에 대한 구분 분석기의 소스 코드는 해당 문법에 대한 생성규칙과 파싱표를 제외한 다른 부분은 모두 동일하다. 따라서 어떤 문법에 대한 파서를 제작하려면 해당 문법에 대한 파싱표만 작성하면 된다. 아래의 헤더 파일 parsetab1.h는 문법 G_1을 위한 파싱표와 생성규칙을 구현한 예제이다.

G_1:

1. LIST → LIST , ELEMENT
2. LIST → ELEMENT
3. ELEMENT → a

parsetab1.h

```
#define N_TERMINALS            2
#define N_NONTERMINALS         2

char term_tab[N_TERMINALS+N_NONTERMINALS+1] = {
        'a',
        ',',
        '₩n',     // end of input sentence -- '$'
        'L',
        'E'
};

#define N_STATES          6
#define ACCEPT            999
int partab[N_STATES][N_TERMINALS+N_NONTERMINALS+1] = {
        { 3, 0, 0, 1, 2},
        { 0, 4, ACCEPT, 0, 0},
        { 0,-2,-2, 0, 0},
        { 0,-3,-3, 0, 0},
        { 3, 0, 0, 0, 5},
        { 0,-1,-1, 0, 0},
};

#define N_CFG_RULES       3
#define CFG_SIZE          10
/*
 * 생성규칙을 token number로 구현
 * cfg[i][0] : length(RHS)
 * cfg[i][1] : LHS
 * cfg[i][2], cfg[i][3], ... : RHS
 * cfg[i][j] == -1 : RHS 끝표시
 */
int cfg[N_CFG_RULES+1][CFG_SIZE] = {
        { 0 },
        { 3, 3, 3, 1, 4, -1 },          // LIST -> LIST , ELEMENT
        { 1, 3, 4, -1 },       // LIST -> ELEMENT
        { 1, 4, 0, -1 }        // ELEMENT -> a
};
```

아래의 헤더 파일 parsetab2.h는 문법 G_2를 위한 파싱표와 생성규칙을 구현한 것이다.

G_2:

1. $E \rightarrow E + T$
2. $E \rightarrow T$
3. $T \rightarrow T * F$
4. $T \rightarrow F$
5. $F \rightarrow (E)$
6. $F \rightarrow a$

parsetab2.h

```
#define N_TERMINALS     5
#define N_NONTERMINALS          3

#define N_CFG_RULES     6
#define CFG_SIZE        10

#define N_STATES        12
#define ACCEPT          999

char term_tab[N_TERMINALS+N_NONTERMINALS+1] = {
        'a',
        '+',
        '*',
        '(',
        ')',
        '₩n',      // end of input sentence -- '$'
        'E',
        'T',
        'F'
};

int partab[N_STATES][N_TERMINALS+N_NONTERMINALS+1] = {
        { 5, 0, 0, 4, 0, 0, 1, 2, 3 },
        { 0, 6, 0, 0, 0, ACCEPT, 0, 0, 0 },
        { 0,-2, 7, 0,-2,-2, 0, 0, 0 },
        { 0,-4,-4, 0,-4,-4, 0, 0, 0 },
        { 5, 0, 0, 4, 0, 0, 8, 2, 3 },
        { 0,-6,-6, 0,-6,-6, 0, 0, 0 },
        { 5, 0, 0, 4, 0, 0, 0, 9, 3 },
        { 5, 0, 0, 4, 0, 0, 0, 0,10 },
        { 0, 6, 0, 0,11, 0, 0, 0, 0 },
        { 0,-1, 7, 0,-1,-1, 0, 0, 0 },
        { 0,-3,-3, 0,-3,-3, 0, 0, 0 },
        { 0,-5,-5, 0,-5,-5, 0, 0, 0 },
};

/*
 * 생성규칙을 token number로 구현
 * cfg[i][0] : length(RHS)
 * cfg[i][1] : LHS
 * cfg[i][2], cfg[i][3], ... : RHS
 * cfg[i][j] == -1 : RHS 끝표시
 */
int cfg[N_CFG_RULES+1][CFG_SIZE] = {
        { 0 },
        { 3, 6, 6, 1, 7, -1 },          // E -> E + T
        { 1, 6, 7, -1 },                // E -> T
        { 3, 7, 7, 2, 8, -1 },          // T -> T * F
        { 1, 7, 8, -1 },                // T -> F
        { 3, 8, 3, 6, 4, -1 },          // F -> ( E )
        { 1, 8, 0, -1 },                // F -> a
};
```

1) LR_parser에 헤더 파일 parsetab1.h을 포함하여 컴파일하여 파서를 실습하시오.

2) LR_parser에 헤더 파일 parsetab2.h을 포함하여 컴파일하여 파서를 실습하시오.

3) LR 파싱에서 적용된 생성규칙 번호를 순서대로 배열에 저장하도록 프로그램을 수정하시오.

4) 트리 자료구조를 사용하여 LR 파싱 결과를 파스 트리로 구성하도록 프로그램을 수정하시오.

5) Predictive 파서에서도 적용된 생성규칙을 배열에 저장한 후에 파싱이 종료되면 left parse를 출력하도록 프로그램을 수정하시오.

4.3.2 LR 파싱표 작성

LR 파싱표를 작성하는 부분은 구문분석기 자동화 도구인 Yacc의 핵심 모듈이다. Yacc는 규칙부에 기술된 생성규칙들에 대해 자동으로 파싱표를 구성해 준다. LR 파싱표는 LR(0) item 집합들에 대한 오토마타를 구성하여 오토마타의 각 상태에서 문법기호들에 대한 파서의 행동을 기술한다.

4.3.2.1 CLOSURE 계산 방법

생성규칙 A → BCD 에 대한 LR(0) 아이템은 [A → .BCD], [A → B.CD], [A → BC.D], [A → BCD.] 이다. CLOSURE는 오토마타의 상태를 구성하는 LR(0) 아이템 집합이다. 아래 방법을 참고하여 CLOSURE를 계산하는 프로그램을 작성하시오.

CLOSURE(I) 계산 방법

1. CLOSURE 의 초기값은 자기 자신이 된다. (자기 자신 I를 추가함)
2. 마크 심벌이 논터미널이면, 이 논터미널에 대한 생성규칙의 closure 아이템을 CLOSURE 집합에 추가시킨다.
3. 새로 추가되는 CLOSURE 가 없을 때까지 과정 2를 반복한다.

4.3.2.2 C_0 프로그램 작성

C_0 은 canonical collection이라고 하며, CLOSURE 함수와 GOTO 함수를 적용하여 모든 타당한 LR(0) 아이템의 집합을 원소로 갖는 집합이다. 이전에 작성하였던 CLOSURE 프로그램과 아래 방법을 참고하여 C_0 을 구하는 프로그램을 작성하시오.

C_0 계산 방법

1. 주어진 문법에 새로운 시작 기호에 대한 생성규칙 S' →S 를 추가한다.
2. 새로운 시작 기호에 대한 생성규칙 S' →S 의 LR(0) 아이템 [S' →.S]의 CLOSURE 집합이 시작 상태 I_0이 된다.
3. I_0 상태에서 각 마크 심벌들에 대한 다음 상태 I_i를 구하여 새로운 상태를 추가한다.
4. 새로 생성된 상태들에 대해 마크 심벌들에 대한 다음 상태를 구하고 새로운 상태가 추가한다.
5. 새로 추가되는 상태가 없을 때까지 과정 4 를 반복한다.

4.3.2.3 LR 파싱표 작성

C_0 구성 프로그램을 활용하여 아래 LR 파싱표를 작성하는 프로그램을 구현하시오.

1) Simple LR (SLR)

2) Canonical LR (CLR)

3) Lookahead LR (LALR)

제5장 Yacc 예제 및 실습

Yacc(Yet Another Compiler Compiler)는 구문분석기를 자동으로 생성해 주는 컴파일러 자동화 도구이다. Yacc는 LALR(1) 방식의 파서 생성기로서 문맥자유 문법(CFG: context-free grammar) 형식의 생성규칙들을 Yacc가 인식할 수 있는 형태의 입력 파일로 기술해 주면 이 문법에 대한 구문분석기를 y.tab.c 라는 C 언어 소스 파일로 생성해 준다.

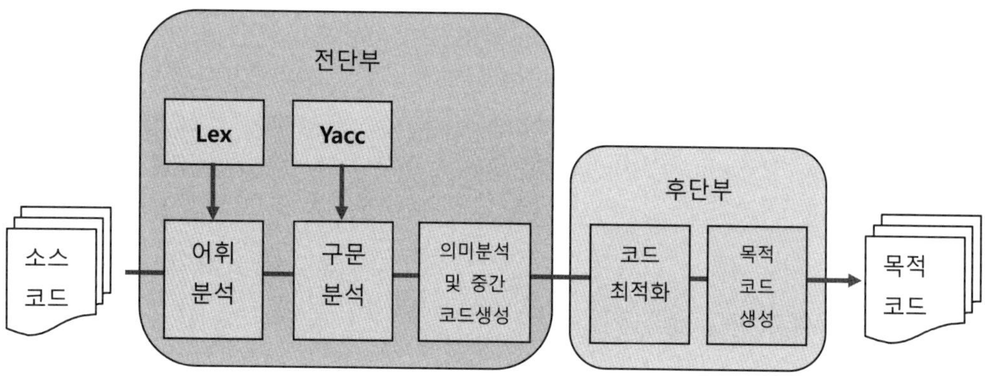

그림 5.1 컴파일러의 구조

Yacc를 이용하여 구문분석기를 자동으로 생성하는 방법과 Yacc 입력 파일을 작성하는 방법을 소개한다. 또한, Lex를 이용하여 자동으로 생성된 어휘분석기 lex.yy.c의 어휘 분석 함수 yylex()의 분석 결과를 Yacc가 생성한 구문분석 함수 yyparse()에서 어떻게 연동하는지를 이해하고 컴파일러의 전단부 과정에서 어휘분석과 구문분석을 결합하는 방법을 실습한다.

5.1 Yacc 입력 파일 작성

Yacc 입력 파일의 구조는 Lex 입력 파일의 구조와 유사하다. 정의부, 규칙부, 사용자 서브루틴부로 구성되며 각 부분을 구분하기 위한 구분자는 "%%" 이다.

```
정의부
%%
규칙부
%%
사용자 서브루틴
```

정의부는 Yacc의 규칙부에서 사용되는 필요한 것들을 선언하는 곳이다. 정의부의 주요 기능은 규칙부에서 사용될 토큰을 정의하는 것이다. 규칙부에는 생성규칙의 LHS와 RHS를 기술하고, 생성규칙의 우측에는 해당 생성규칙이 적용 되었을 때 실행할 액션 코드를 작성한다. Yacc 입력 파일을 작성할 때 규칙부에서 생성규칙을 기술하는 형식은 다음과 같다.

- 논터미널 기호: 소문자열로 작성
- 터미널 기호(토큰): 토큰명을 대문자열로 작성 또는 아스키 문자 '+' 와 같이 기술

LHS와 RHS를 구분하는 구분자는 ':' 이다. 그리고 ε-생성규칙의 RHS는 공란으로 비워둔다. (0+1)*를 기술하는 문법 B -> B0 | B1 | 0 | 1 | ε 을 yacc 입력 파일의 규칙부에 기술하면 아래와 같다.

```
bin: // epsilon
     | bin  '0'
     | bin  '1'
     |  '0'
     |  '1'
```

논터미널 A에 대한 생성규칙이 2개 이상인 경우에는 각 생성규칙을 한 줄에 하나씩 기술한다. 다만, 두번째 생성규칙부터는 tab 문자, '|' 뒤에 RHS를 기술한다. 토큰명(token name)을 대문자로 작성할 때는 정의부에서 각 토큰들에 대해 토큰값(token number)을 정의해 주어야 한다. 아래 예는 덧셈식을 기술하는 Yacc 입력의 예이다.

```
// 정의부
%token NUMBER
%%
// 규칙부
exp: NUMBER
        | exp  '+'  exp
%%
// 사용자 정의 함수
```

Yacc의 정의부에서 %token문에 의해 토큰을 정의하면 각 토큰에 대해 고유한 정수값을 할당해 준다. 모든 토큰들에 대한 토큰값은 정수형으로 정의되므로 '+', 'a', '0' 등과 같이 아스키 문자는 문자 자체를 토큰으로 사용할 수 있다. 즉, 비교 연산자의 경우 '<', '>' 는 아스키 문자 1개이므로 토큰으로 직접 사용할 수 있지만 "<=", ">=" 등과 같이 2개 이상의 문자들로 구성된 스트링은 정수값이 아니므로 직접 토큰으로 사용할 수 없고 토큰명을 정의하여 생성규칙을 기술해야 한다. %token으로 정의된 토큰값은 아스키 문자와 중첩되지 않는 정수값으로 할당된다.

```
%token NUMBER
%token LE GE
%%
exp: NUMBER
        | exp  '<'  exp
        | exp  '>'  exp
        | exp LE exp
        | exp GE exp
%%
```

위 예와 같이 Yacc 입력 파일을 작성했을 때 어휘분석기는 yylex() 함수의 return값으로 NUMBER, LE, GE, '<', '>' 를 return해야 한다.

5.1.1 Yacc 입력 파일 예제

아래 Yacc 입력 파일 예제는 언어 L = { abc, Abc, aBc, abC, ABc, aBC, AbC, ABC }를 인식하는 문법을 기술한 것으로 논터미널 A, B, C를 소문자로 바꿔서 생성규칙을 기술하였다.

A → 'a' B | 'A' B
B → 'b' C | 'B' C
C → 'c' | 'C'

abc.y

```
%{
        #include <stdio.h>
%}
%%
start: a { printf("sequential ₩"ABC₩""); };
a:      'a'b
        | 'A'b
        ;
b:      'b'c
        | 'B'c
        ;
c:      'c'
        | 'C'
        ;
%%
yylex() {
        char ch;

        ch = getchar();
        if (isalpha(c)h) return ch;
}

main() {
        yyparse();
}
```

1) abc.y에 대하여 아래와 같이 파서를 생성하고 컴파일하여 실행해 보자.

```
$ yacc abc.y
$ cc –o abc y.tab.c –ly
```

명령어	설명
$ yacc abc.y	yacc를 이용하여 abc.y 파일에 대하여 y.tab.c 이름을 가진 C언어로 파서 생성
$ cc –o abc y.tab.c –ly	y.tab.c를 yacc 라이브러리를 포함시켜 컴파일하여 abc.exe 생성

2) abc.exe파일을 실행하여 보자. 아래 입력 스트링에 대한 실행 결과는 무엇인가?

```
Abc
cba
ABC
aBc
```

5.1.2 전화번호 인식 예제

Yacc는 규칙부에 작성된 생성규칙들과 그에 따른 액션 코드들에 대해 함수 yyparse()를 생성한다. 함수 yyparse()는 다음 토큰이 필요할 때 yylex()를 호출하여 입력 문장에 대한 토큰을 순서대로 받아서 파싱을 수행한다. 함수 yylex()의 return값은 정수형이므로 yyparse()로 토큰을 전달할 때 yylex()가 인식한 토큰이 한 문자(정수형)인 경우에는 이 값을 직접 token number로 전달하고 Yacc의 규칙부에서도 문자를 이용하여 생성규칙을 기술할 수 있다. 이에 비해, yylex()의 return값이 정수형이므로 yylex()에서 문자열 토큰이 인식되면 이 문자열은 직접 yyparse()로 전달할 수가 없다. 따라서 각 문자열 토큰들에 대해서는 정수값으로 token number를 정의해야 한다.

이러한 목적으로 정의부에서는 규칙부에 사용되는 토큰들을 %token, %left, %right 문을 이용하여 정의한다. %token문은 토큰을 정의하는 문장이며, 좌결합/우결합 규칙을 명시해야 하는 연산자들은 %token문 대신에 %left 또는 %right문을 이용하여 결합규칙을 명시한다. 연산자의 우선순위는 각 토큰이 정의된 문장의 상대적 위치에 의해 결정된다. 즉, 토큰을 정의하는 문장을 나열할 때 우선 순위가 낮은 연산자를 위에 기술하고 우선순위가 높은 연산자는 아래에 순서대로 나열한다.

첫번째 예제에서는 토큰을 정의하지 않았는데 이는 아스키 코드 한 문자로 이루어진 토큰은 아스키 코드값을 직접 전달할 수 있기 때문이다. 아래 Yacc 입력 파일은 %token을 이용하여 토큰을 정의하는 예제이다.

phone_number.y

```
%{
        /* phone_numbers: ex) 02-123-1234 */
        #include <stdio.h>
%}
%token NUMBER HYPHEN
%%
phone_number: number HYPHEN number HYPHEN number { printf("phone number"); }
        ;
number : number NUMBER
        | NUMBER
        ;
%%
yylex()
{
        int ch;

        ch = getchar();
        if (ch == '₩n')
                return 0;
        else if (isdigit(ch))
                return NUMBER;
```

```
        else if (ch == '-')
                return HYPHEN;
}

main() {
        yyparse();
}
```

1) 위 phone_number.y 입력 파일을 작성하여 Yacc를 실습하고 토큰 사용법을 익힌다.

2) phone_number.y는 숫자의 길이가 긴 경우에도 하이픈 개수와 위치만 맞으면 모두 전화번호라고 인식하는 오류가 있다. ex) 1111111-1234567-8 이 소스 코드를 수정하여 전화번호 형식을 제한하여 자리수가 xx-xxx-xxxx 유형에 대해서만 전화번호로 인식하도록 수정하시오.

phone_number2.y

```
%{
        #include <stdio.h>
%}
%token NUMBER2 NUMBER3 NUMBER4 HYPHEN
%%
phone_number: "이 부분을 완성하시오." { printf("phone number"); }
        ;
%%
yylex()
{
        int ch, count;

        ch = getchar();
        if (ch == '₩n') return 0;
        else if (isdigit(ch)) {
                count = 1;
                while (isdigit((ch=getchar()))) count++;
```

```
                ungetc(ch, stdin);
                switch(count) {
                        case 2: return NUMBER2;
                        case 3: return NUMBER3;
                        case 4: return NUMBER4;
                }
        } else if (ch == '-')
                return HYPHEN;
}
```

5.1.3 yylval 사용 예제

Yacc는 yylex()로부터 토큰을 전달받을 때마다 그 토큰에 대한 값을 이용할 수 있다. yylex()에서 토큰이 인식되면 Yacc에게 전달되는 토큰값은 yylval에 저장된다. 이렇게 yylval에 저장된 값을 Yacc의 규칙부에서 사용할 수 있다. 아래 val_print.y는 yylval을 이용하여 토큰값을 출력하는 예제이다.

val_print.y

```
%{
        #include <stdio.h>
%}
%token NUMBER STRING
%%
print: print word
        | word
        ;
word:   NUMBER {printf("number : %d₩n", yylval);}
        | STRING {printf("string : %s₩n", yylval);}
        ;
%%
yylex()
{
        char ch;

        while ((ch=getchar())==' ' || ch=='₩t')
                ;               //skip
        if (ch == '₩n')
                return 0;
        else if (isdigit(ch)) {
                ungetc(ch, stdin);
                fscanf(stdin, "%d", &yylval);
                return NUMBER;
        } else if (isalpha(ch)) {
                ungetc(ch, stdin);
                fscanf(stdin, "%s", yylval);
                return STRING;
        }
}
```

1) 다음 데이터들을 입력하여 실습하시오.

```
12345
abcde
123 456 abc def
```

2) 위의 데이터들에 대하여 올바르게 실행이 되는가?
만약 스트링 입력에 대해 에러가 발생한다면 그 이유는 무엇인가?

3) 1), 2)의 실습 결과에 따라 yylval의 변수 타입은 무엇이라고 추정할 수 있는가?

5.1.4 %union 사용 예제

변수 yylval의 기본 자료형은 int형이다. int형은 사용자가 원하는 다양한 자료형의 데이터들을 토큰값으로 전달하는데 제약이 있다. 이러한 제약을 극복하기 위하여 Yacc는 정의부에서 yylval의 자료형을 정수형 이외의 다른 자료형으로 재정의할 수 있도록 %union문을 제공한다. %union문을 이용하여 yylval의 자료형을 재정의한 예는 아래와 같다.

```
%union {
        int num;
        char *str;
}
```

위 %union문에 정의된 자료형들은 Yacc의 결과물인 y.tab.c의 선언부에 YYSTYPE 타입으로 정수 자료형인 num과 문자 포인터형 str을 제공하는 공용체로 정의된다. val_print2.y는 %union을 이용하여 NUMBER와 STRING 토큰이 각각 정수형과 문자 포인터 값을 전달할 수 있게 한 예제이다.

val_print2.y

```
%{
        #include <stdio.h>
        char a[100];
%}
%union {
        int num;
        char *str;
}
%token NUMBER STRING
%%
print: print word
        | word
        ;
word:   NUMBER { printf("number : %d₩n", yylval); }
        | STRING { printf("string : %s₩n", yylval); }
        ;
%%
yylex()
{
        int i, ch;

        while ((ch=getchar())==' ' || ch=='₩t')
                ;               //skip
        if (ch=='₩n') return 0;
        else if (isdigit(ch)) {
                ungetc(ch, stdin);
                fscanf(stdin, "%d", &yylval.num);
```

```
                return NUMBER;
        } else if (isalpha(ch)) {
                i = 0;
                a[i++] = ch;
                while (isalpha(ch=getchar())) {
                        a[i++] = ch;
                }
                a[i] = '₩0';
                yylval.str = a;
                ungetc(ch, stdin);
                return STRING;
        }
}
```

1) 아래 데이터들에 대해 실습하시오.

```
12345
abcde
123 456 abc def
```

2) 위의 데이터들에 대하여 올바르게 실행이 되는가?

5.1.5 문법 기호와 연관된 값 참조

규칙부의 동작에서는 다음과 같이 $(달러)기호와 숫자를 사용하여 규칙에 있는 기호와 연관된 값을 참조할 수 있다.

```
expression:        expression '+' expression  {$$ = $1 + $3;}
```

콜론을 기준으로 왼쪽 LHS에 있는 기호의 값은 $$으로 참조를 할 수 있고, 오른쪽 내용에 있는 기호들은 $1, $2, $3과 같이 순서대로 숫자를 붙임으로써 참조할 수 있다. 위 동작 코드는 규칙의 오른쪽 내용의 첫번째 expression과 두번째 등장하는 expression의 값을 참조하여 더한 값을 왼쪽 expression의 값에 대입시키는 연산을 수행한다. 여기서 '+'는 $2로 참조한다. 다음은 덧셈 연산에 대한 값 참조 예제이다.

calculator.y

```
%{
        #include <stdio.h>
%}
%token NUMBER
%%
assign_stmt: expression {printf("= %d₩n", $1);}
        ;
expression: expression '+' NUMBER {$$ = $1 + $3;}
        | NUMBER {$$ = $1;}
        ;
%%
yylex()
{
        int ch;

        while ((ch=getchar())==' ' || ch=='₩t')
                ;               //skip
        if (ch=='₩n') return 0;
        if (isdigit(ch)) {
                ungetc(ch, stdin);
                fscanf(stdin, "%d", &yylval);
                return NUMBER;
        }
        return ch;
}
```

1) 덧셈 연산이 정상적으로 잘 수행되는지 확인한다.

2) 위 입력 파일에서 NUMBER 토큰의 동작 부분 "{$$ = $1;}" 을 삭제하고 컴파일하여 덧셈 연산이 잘 되는지 확인한다.

3) 1), 2)에 대한 실습 결과를 잘 분석해 볼 때 "expression: NUMBER;" 와 같이 LHS와 RHS가 문법 기호 하나씩으로만 이루어진 규칙에 대한 동작 코드를 반드시 기술해 주지 않아도 무방하다고 생각하는가?

4) 아래 예와 같이 사칙연산을 할 수 있도록 규칙 부분의 expression을 수정하시오.

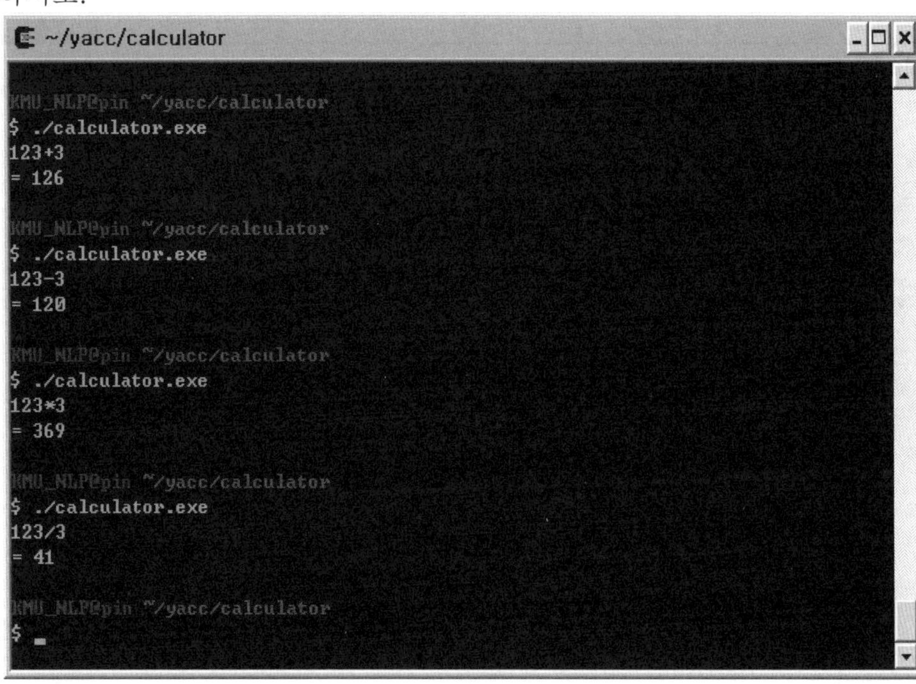

5.1.6 생성규칙의 우선순위 결정 방법

"123+3/3"을 입력하면 결과는 124이다. 그러나 이전에 작성하였던 calculator.y는 모호성(ambiguity)으로 인하여 '+'와 '/'의 계산 순서에 따라 우리가 원하는 결과와 다르게 계산되는 현상이 발생할 수 있다. 즉, '+'와 '/' 연산의 우선순위가 결정되어 있지 않으면 어떤 연산을 먼저 하는지에 따라 계산 결과가 달라진다. 만약에 연산의 순서대로 '+' 연산을 먼저 수행하면 123에 3을 더한 뒤 그 값을 3으로 나누게 되기 때문이다.

Yacc에서는 이러한 모호성을 해결하기 위한 방법으로 각 연산자들의 우선순위와 결합규칙을 지정하는 기능이 있다. 연산자의 결합규칙을 지정하기 위하여 정의부에서 %left문, %right문, %nonassoc문을 사용한다. 이 문장들을 이용하여 각 연산자들의 속성에 따라 모호성이 발생하는 연산자들에 대해 결합규칙과 연산자의 우선순위를 지정할 수 있다. %left는 좌결합법칙, %right는 우결합법칙, 그리고 %nonassoc는 결합법칙을 지정할 필요가 없는 경우에 연산자의 우선순위를 지정하기 위한 목적으로 사용된다.

```
%left '+' '-'
%left '*' '/'
%%
expression: expression '+' expression {$$ = $1 + $3;}
          | expression '-' expression {$$ = $1 - $3;}
          | expression '*' expression {$$ = $1 * $3;}
          | expression '/' expression {$$ = $1 / $3;}
          | '-' expression {$$ = -$2;}
          | NUMBER {$$ = $1;}
          ;
```

각 연산자의 우선순위는 결합규칙 정의문의 위치에 따라 결정된다. 정의문 위치가 위에서 아래로 갈수록 우선순위가 높아진다. 위 예제에서 '+'와 '−'는 우선순위가 같고, '*'와 '/'의 우선순위는 '+', '−'보다 높다. 연산자의 우선순위에 따라 생성규칙의 우선순위를 결정할 때는 어떤 연산자가 두 개 이상의 생성규칙에서 다른 용도로 사용되는 경우에 생성규칙에 따라 다른 우선순위를 부여해야 할 필요성이 발생한다. 예를 들어, 아래 두 생성규칙의 우선순위는 모두 토큰 '−'에 의해 결정된다.

```
expression: expression '−' expression
expression: '−' expression
```

따라서 "−20*10"은 연산자 우선순위에 따라 "−(20*10)"으로 분석될 것이다. 그런데 통상적으로 수식 "−20*10"은 곱셈 연산보다 단항 연산자 unary '−'의 우선순위를 높게 하여 "(−20)*10"로 분석하도록 하는 것이 바람직하다. 그런데 단항 연산을 기술하는 생성규칙에는 토큰이 '−'밖에 없으므로 '−'의 우선순위를 지정할 때 단항 연산일 때는 '*' 보다 높게 하고, 이항 연산일 때는 '*'보다 낮게 해 주어야 하는 문제점이 발생한다.

```
%left '+' '-'
%left '*' '/'
%nonassoc UMINUS
%%
expression: expression '+' expression {$$ = $1 + $3;}
          | expression '-' expression {$$ = $1 - $3;}
          | expression '*' expression {$$ = $1 * $3;}
          | expression '/' expression {$$ = $1 / $3;}
          | '-' expression %prec UMINUS {$$ = -$2;}
          | NUMBER {$$ = $1;}
          ;
```

이러한 필요성에 의해 생성규칙에 가상의 토큰을 부여하여 생성규칙의 우선순위를 결정하는 방법이 있다. 위 예에서 토큰 UMINUS는 단항 연산에 대한 생성규칙의 우선순위를 지정해 주기 위한 목적으로 별도로 추가된 토큰이다. 즉, 단항 연산에 대한 생성규칙에 가상의 토큰 UMINUS를 부착하고 UMINUS에 대한 우선순위를 '*', '/'보다 높게 지정해 주는 것이다. 구체적으로, 생성규칙에 가상의 토큰을 부착하기 위해 생성규칙의 끝부분에 %prec를 사용하여 가상의 토큰 UMINUS를 추가하였다. 이와 같이 %prec문을 이용하여 가상의 연산자를 추가함으로써 단항 연산에 관한 생성규칙의 우선순위를 지정할 수 있게 하였다.

아래와 같이 사칙연산을 처리할 수 있도록 위 예문과 calculator.y 파일을 활용하여 calculator2.y를 작성해 보자.

5.1.7 규칙부에서 공용체 변수 참조

%union으로 정의된 공용체 안의 변수들은 규칙부에서 참조할 수 있다. 이 때 각 토큰마다 다른 공용체 변수를 참조하도록 지정할 수가 있다. 토큰에 따른 참조 변수 지정해 주는 방법은 괵괄호 기호 "< >"를 이용한다. 아래 예는 토큰 NUMBER는 공용체 변수 num을 참조하고, NAME은 ch를 참조하도록 한 것이다. 또한, 논터미널 expression에 대해서도 공용체 변수를 지정할 수 있다.

```
%union{
        double num;
        char ch;
}
%token <num> NUMBER
%token <ch> NAME
%type <num> expression
%%
assign_stmt: NAME '=' expression
        | expression {printf("= %lf₩n", $1);}
        ;
expression: expression '+' expression {$$ = $1 + $3;}
        | NUMBER {$$ = $1;}
        ;
```

참조 변수를 지정하는 방법은 터미널 기호인 토큰과 논터미널 기호가 다른 문장으로 처리된다. 터미널 기호인 토큰은 yylex() 함수와 토큰을 연동시키기 위해 token number를 %token문으로 정의하기 때문에 이 문장에 <참조변수이름>을 추가하는 방법으로 참조 변수를 지정한다.

```
%token <참조변수이름> 터미널기호
```

위 예문에서 토큰 NUMBER는 double형인 num 변수를 참조하도록 하였고, NAME은 char형 변수인 ch를 참조하도록 하였다. 그런데 논터미널 기호들은 %token문으로 정의되지 않으므로 논터미널의 참조 변수를 지정하기 위한 별도의 문장으로 %type을 사용하여 참조 변수를 지정한다.

```
%type <참조변수이름> 논터미널기호
```

규칙부의 마지막 생성규칙 "expression: NUMBER {$$ = $1;}" 에서 "$1"은 토큰 NUMBER의 값이므로 double형 num을 참조할 것이며, "$$"은 expression의 값이므로 double형 num을 참조할 것이다.

이전의 calculator.y은 변수가 int형으로 정의되어 있어서 소수점 이하 자리수까지 계산하는 실수나눗셈 연산을 할 수 없었다. %union, %token, %type를 사용하여 아래와 같이 실수 나눗셈 계산을 할 수 있도록 계산기의 Yacc 입력 파일 calculator3.y을 작성해 보자.

5.2 Lex와 Yacc

Yacc는 토큰이 필요할 때마다 어휘 분석 함수 yylex()를 호출한다. 5.1절에서는 Yacc 입력 파일을 작성하는 연습을 위하여 사용자 서브루틴절에 함수 yylex()를 직접 작성하였다. 그러나 yylex() 함수는 Lex를 이용하여 자동으로 생성할 수 있으므로 어휘 분석 과정을 자동화하는 것이 편리하다.

아래 예제 파일에서 함수 yylex()와 Yacc의 규칙부에서 공통으로 사용되는 토큰들을 모두 나열하면 아래와 같다.

NAME, NUMBER, '=' , '+' , '− ', '*' , '/'

어휘 분석 함수 yylex()는 정수를 인식했을 때 NUMBER라는 토큰을 반환하고, 영문자를 인식하면 NAME을 반환하며, 연산자를 인식하면 연산자 문자를 직접 반환한다. 이 때, 덧셈과 뺄셈 기호 등 연산자 문자는 그 자체값을 Yacc에 전달하고 Yacc의 생성규칙에서도 그 문자를 사용하므로 서로 일치된다. 마찬가지로, 함수 yylex()에서 return한 토큰 NUMBER와 NAME의 값은 Yacc의 생성규칙에서 사용된 것의 값이 서로 일치해야 한다.

아래 예제에서 yylex()는 생성규칙과 동일한 파일에 정의되어 Yacc 에서 정의된 토큰값을 사용하므로 함수 yylex()에서 return된 NUMBER와 NAME의 값은 Yacc의 생성규칙에서 사용된 값과 동일하다. 이 값은 "%token NAME NUMBER"에 의해 각각 고유한 정수값으로 정의되어 있다.

```
%token NAME NUMBER
%left '+' '-'
%left '*' '/'
%nonassoc UMINUS
%%
assign_stmt: NAME '=' expression
        | expression {printf("= %lf₩n", $1);}
        ;
expression: expression '+' NUMBER {$$ = $1 + $3;}
        | expression '-' expression {$$ = $1 - $3;}
        | expression '*' expression {$$ = $1 * $3;}
        | expression '/' expression {$$ = $1 / $3;}
        | '-' expression %prec UMINUS {$$ = -$2;}
        | NUMBER {$$ = $1;}
        ;
%%
yylex() {
        int ch;

        while ((ch=getchar())==' ' || ch=='₩t') ;       // skip
        if (ch=='₩n') return 0;
        if (isdigit(ch)) {
```

```
                    ungetc(ch, stdin);
                    fscanf(stdin, "%d", &yylval);
                    return NUMBER; // 정수
          } else if (isalpha(ch))
                    return NAME;     // 변수명
          else return ch;    // =, +, -, *, /
}
```

Yacc는 Lex로부터 전달받은 토큰들에 대해 구문 분석을 수행한다. Lex를 이용하여 어휘 분석기 소스를 생성하고, Yacc를 이용하여 구문 분석기 소스를 생성할 때는 각 소스 파일에서 정의된 토큰값이 서로 일치되어야 한다. 즉, 어휘 분석 함수 yylex()가 return해 주는 토큰과 Yacc에서 사용되는 토큰들의 token number는 그 값이 서로 일치해야 한다. 따라서 Lex를 이용하여 어휘 분석 함수 yylex()를 자동으로 생성할 때 yylex()가 Yacc의 규칙부에서 사용되는 토큰의 값을 return하도록 해야 한다.

Yacc의 정의부 "%token NAME NUMBER"는 각 토큰들에 대해 고유한 정수 값을 부여하는 기능을 한다. 따라서 각 토큰에 대해 고유하게 부여된 토큰값을 Lex가 yylex()를 생성할 때 사용할 수 있도록 %token문에 의해 각 토큰들에 대해 부여되는 고유값을 헤더 파일로 출력하여 Lex 입력 파일에서 사용하게 한다.

이러한 목적으로 Yacc는 옵션 "-d"를 지원하며 이 옵션은 구문 분석기를 생성할 때 Yacc에서 자동으로 정의된 토큰값들을 헤더 파일 y.tab.h로 출력해 준다. 이 헤더 파일 y.tab.h를 Lex 입력 파일에 포함시켜서 Lex의 규칙부에서 return 되는 토큰값과 Yacc에서 사용되는 토큰값을 일치시킨다.

참고로, 위 예제에서 치환문을 a=b=c=0 과 같이 반복을 허용하는 형태로 확장하려면 아래 내용을 추가하면 된다.

```
%right  '='
assign_stmt: NAME  '='  expression
        | NAME  '='  assign_stmt
        | expression {printf( "= %lf\n" , $1);}
```

5.2.1 토큰값을 제공하는 y.tab.h

아래 calculator.y, calculator.c 파일은 5.1.5의 calculator.y에서 어휘분석 함수 yylex()를 분리시킨 것이다. calculator.y 파일은 NUMBER 토큰이 정수이고 NUMBER를 이용하여 덧셈 규칙을 정의하였다. 또한, calculator.c의 어휘 분석 함수 yylex()는 입력 데이터에서 정수를 발견하면 NUMBER라는 토큰값을 반환한다.

Yacc를 이용하여 구문분석기 y.tab.c를 생성하면 토큰 NUMBER은 Yacc가 무작위로 특정값을 지정해 준다. 5.1.5의 예제 파일에서는 구문분석기와 어휘분석기가 하나의 파일 안에 존재했으므로 NUMBER에 자동으로 지정된 값을 몰라도 아무런 문제없이 구문분석기와 어휘분석기간에 토큰값이 일치했다. 하지만 두 개의 독립된 파일로 생성하려면 Yacc가 자동으로 생성해준 토큰값이 Lex가 어휘분석기를 생성할 때 헤더 파일로 포함되어야 한다.

Lex를 이용하여 어휘 분석기를 자동으로 생성하려면 헤더 파일 y.tab.h가 생성되어 있어야 한다. 따라서 Lex를 이용하여 어휘 분석기를 자동 생성하기 전에 먼저 Yacc를 이용하여 구문 분석기를 생성해야 한다. 즉, Yacc가 구문 분석기를 생성한 후에 Lex를 이용하여 어휘 분석기를 생성한다.

아래 예제는 calculator.y에서 정의된 토큰 NUMBER에 부여된 값을 어휘 분석기 calculator.c에서 사용 하여 yylex()가 NUMBER를 return할 수 있도록 하는 예이다.

calculator.y

```
%{
#include <stdio.h>
%}
%token NUMBER
%%
state: expression { printf("= %d\n", $1); }
        ;
expression: expression '+' NUMBER {$$ = $1 + $3;}
        | NUMBER {$$ = $1;}
        ;
%%
```

calculator.c

```
#include "y.tab.h"
#include <stdio.h>

yylex()
{
        int ch;

        while ((ch=getchar())==' ' || ch=='\t')
                ;  //skip
        if (isdigit(ch)) {
                ungetc(ch, stdin);
```

```
                fscanf(stdin, "%d", &yylval);
                return NUMBER;
        }
        if (ch=='₩n') return 0;
        return ch;
}
```

1) 아래 명령어를 이용하여 순서대로 컴파일한다.

```
$ yacc –d calculator.y
$ cc –o calculator calculator.c y.tab.c –ly
```

명령어	설명
$ yacc –d calculator.y	파일 calculator.y에 대하여 y.tab.c에 parser를 생성하고, –d 옵션에 의해 y.tab.h파일을 생성한다.
$ cc –o calculator calculator.c y.tab.c –ly	calculator.c와 y.tab.c를 yacc 라이브러리 포함시켜 컴파일하여 calculator.exe 파일을 생성한다.

2) y.tab.h를 열어서 NUMBER 토큰값을 확인하시오. 토큰값은 얼마인가?

y.tab.h

```
.
.
/* Tokens.  */
#ifndef YYTOKENTYPE
# define YYTOKENTYPE
   /* Put the tokens into the symbol table, so that GDB and other debuggers
      know about them.  */
   enum yytokentype {
     NUMBER = ___?___
   };
#endif
/* Tokens.  */
#define NUMBER ___?___
.
.
```

3) calculator.c에서 #include "y.tab.h" 부분을 삭제하고 컴파일해 보자. 컴파일 과정에서 어떠한 에러들이 발생하는가? 발생하는 이유는 무엇이라고 생각하는가?

4) calculator.c에서 삭제했던 #include "y.tab.h" 부분을 복원하여 컴파일하고, calculator.exe를 실행하여 덧셈 연산을 수행해 보시오.

5) 위 실습 결과를 통하여 y.tab.h가 calculator.y와 calculator.c에서 어떤 역할을 하는가? 또한, calculator.c에서 return NUMBER의 값은 무엇인가?

5.2.2 Lex를 이용한 어휘분석

어휘 분석기는 yylex() 함수를 직접 C 언어로 작성할 수도 있으나 복잡한 패턴으로 이루어진 토큰이나 여러 개의 토큰들을 인식하게 되면 Lex를 이용하는 것이 편리하다. 아래 예제는 calculator.c와 동일한 기능을 하는 Lex 입력 파일을 작성한 것이다.

calculator.l

```
%{
        #include "y.tab.h"
%}
%%
[0-9]+  { yylval = atoi(yytext); return NUMBER; }
[ ₩t]   ;   // skip
₩n      return 0;   // eof
.       return yytext[0];
%%
```

1) 아래 명령어를 이용하여 차례대로 컴파일하고 실행해 보시오.

```
$ yacc –d calculator.y
$ lex calculator.l
$ cc –o calculator y.tab.c lex.yy.c –ly –ll
```

명령어	설명
$ yacc –d calculator.y	calculator.y에 대하여 y.tab.c이름으로 파서를 생성하고, –d 옵션에 의해 y.tab.h를 생성
$ lex calculator.l	y.tab.h를 포함하여 calculator.l에 대하여 lex.yy.c 이름으로 어휘분석기를 생성
$ cc –o calculator y.tab.c lex.yy.c –ly –ll	y.tab.c, lex.yy.c 파일을 yacc, lex 라이브러리 포함시켜 컴파일하여 calculator.exe 파일을 생성

2) y.tab.h 파일을 열어서 NUMBER 토큰 값을 확인하시오.

3) calculator.l의 return NUMBER의 값은 무엇인가?

5.2.3 Makefile 활용 방법

Lex와 Yacc를 이용하여 분석기를 생성하고 컴파일하여 실행 파일을 생성하기 위해 아래와 같이 3줄의 명령어를 입력하여야 한다.

```
$ yacc –d calculator.y
$ lex calculator.l
$ cc –o calculator y.tab.c lex.yy.c –ly -ll
```

Yacc 입력 파일을 수정하면 다시 3줄의 명령어를 입력해야 한다. 매번 소스 코드를 수정할 때마다 수정된 결과를 확인하기 위하여 3줄의 명령어들을 입력하는 것은 번거로운 일이다. 이를 위해 Makefile을 작성하면 매우 편리하다. 다음은 Lex와 Yacc 파일에 대하여 컴파일하기 위해 Makefile 파일을 작성한 예이다.

Makefile

```
LEX_FILE = calculator
YACC_FILE = calculator
OUT_FILE = calculator

$(OUT_FILE): y.tab.c lex.yy.c
	cc -o $(OUT_FILE) y.tab.c lex.yy.c -ly -ll
y.tab.c: $(YACC_FILE).y
	yacc -d $(YACC_FILE).y
lex.yy.c: $(LEX_FILE).l
	lex $(LEX_FILE).l
```

1) Makefile을 작성하고 5.2.2에서 작성하였던 소스들을 make 명령어를 사용하여 컴파일하여 실행하시오.

2) 위의 Makefile에서 매크로 부분(LEX_FILE, YACC_FILE, OUT_FILE)을 변경하면 손쉽게 다른 파일들에 대하여 make를 할 수 있다. make에서 생성되는 출력 파일명이 cal이 되도록 OUT_FILE 매크로를 수정하여 저장하고, make 명령어를 입력하여 cal.exe가 생성되는지 확인하시오.

5.2.4 Lex와 Yacc 연습 예제

아래 Lex와 Yacc 입력 파일을 작성하시오.

real_number.l

```
%{
        /* 실수 인식 */
        #include "y.tab.h"
%}
DIGIT [0-9]
EXPONENT [eE]
SIGNED [₩+-]
%%
{DIGIT}+|({DIGIT}*₩.{DIGIT}+)({EXPONENT}{SIGNED}?{DIGIT}+)?        {yylval.num = atof(yytext);
                                                                    return NUMBER;}
[ ₩t]   ;  //skip
₩n      return 0;  //eof
.       return yytext[0];
%%
```

calculator3.y

```
%{
        #include <stdio.h>
%}
%union{
        double num;
}
%token  <num> NUMBER
%type <num> expression
%left '+' '-'
%left '*' '/'
%nonassoc MINUS
%%
state:  expression {printf("= %lf₩n", $1);}
        ;
expression: expression '+' expression {$$ = $1 + $3;}
        | expression '-' expression {$$ = $1 - $3;}
        | expression '*' expression {$$ = $1 * $3;}
        | expression '/' expression {$$ = $1 / $3;}
        | '-' expression %prec MINUS {$$ = -$2;}
        | NUMBER {$$ = $1;}
        ;
%%
main()
{
        yyparse();
}
```

1) 위 Lex와 Yacc 입력 파일에 대한 Makefile을 작성하시오.

2) make 명령어를 이용하여 컴파일하시오.

3) 컴파일하여 생성된 실행 파일에 대하여 사칙연산 테스트를 하시오.

5.2.5 Lex와 Yacc 변수 공유 방법

Lex와 Yacc를 사용할 때 토큰 이외에 특정 변수나 함수 등 공유가 필요할 경우에 헤더 파일을 이용해서 처리할 수 있다. 아래 Lex와 Yacc 파일은 하나의 헤더 파일을 만들어 int 변수를 정의하고, 이 헤더 파일을 Lex와 Yacc가 포함하여 "."이 인식되었을 때 "."이 발생한 행과 열의 위치를 출력하는 예제이다. 이 방식을 활용하면 구문 분석 중에 오류가 발생했을 시 몇 번째 줄에 오류가 발생했는지 알려줄 수 있다. 아래 예제는 마침표 문자('.')를 구문 오류로 판단하도록 한 예제이다.

count.h

```
#include <stdio.h>
unsigned int char_count;
unsigned int line_count;
```

error_check.l

```
%{
        #include "y.tab.h"
        #include "count.h"
%}
%%
₩.      return ERROR;
[^ ₩t₩n] {char_count+=yyleng; return WORD;}
[ ₩t]   {char_count++;}
₩n      {line_count++; char_count=1;}
%%
```

error_check.y

```
%{
        #include "count.h"
%}
%token WORD ERROR
%%
words: WORD
        | words WORD
        ;
%%
main(int argc, char **argv)
{
        char_count = line_count = 1;
        yyparse();
}

yyerror()
{
        fprintf(stderr, "error!! is not word : %d %d", line_count, char_count);
}
```

error_check.y에서 yyerror() 함수는 Yacc 라이브러리에서 제공해 주는 함수를 재작성한 것이다. 함수 yyerror()를 재작성하지 않으면 기본으로 정의되어 있는 "syntax error"를 출력해 준다.

1) Makefile을 작성하여 컴파일하시오.

2) 아래 입력 스트링들에 대해 실습하시오.

```
Word
abcdefg
1234
abc.def
string
```

5.3 Yacc 문법 인식

5.3.1 if문을 인식하는 Yacc 예제

C 언어의 if문을 인식하는 Yacc 입력 파일을 작성하고자 한다. C 언어의 if문은 키워드 if 뒤에 괄호 안에 조건식이 등장한 뒤 조건에 따른 행동을 하기 위한 동작을 기술하는데 하나의 명령이면 단순히 세미콜론으로 끝나고, 여러 조건을 동작하기 위하여 블록 기호로 여러 동작들을 감싸는 구조로 되어 있다.

```
if (조건식) 동작;

if (조건식) {
  동작1;
  동작2;
.
.
}
```

1) 조건식은 >, < , >=, <=, == 의 연산만 가능하도록 하고, 연산자와 피연산자 대상은 숫자로만 이루어지며, 동작은 action1, action2 .. 와 같이 "action" + "수" 조합으로 이루어져 있다고 제한한다. 아래 결과 화면을 보고, Lex 입력 파일의 토큰들을 활용하여 간단한 if문을 인식하는 CFG 문법을 작성하시오.

if.l

```
%{
        /* if문 토큰 */
        #include "y.tab.h"
%}
%%
[ ₩t]     ;  //skip
if        return KEYWORD_IF;
[0-9]+    return DIGIT;
(>|<|>=|<=|==)  return OPERATOR;
action[0-9]*    return ACTION;
₩n        return 0;//eof
.         return yytext[0];
%%
```

CFG :

2) 위에서 작성한 CFG 문법을 이용하여 C 언어의 if문을 인식하는 Yacc 입력 파일을 완성하시오.

if.y

```
%{
        #include <stdio.h>
%}
%token KEYWORD_IF DIGIT OPERATOR ACTION

%%
state_if: KEYWORD_IF '(' condition ')' bracket        { printf("₩tif -> valid"); }
        ;
condition:
        ;
bracket:
        ;
actions:
        ;
```

5.3.2 switch문을 인식하는 예제

아래 결과 화면과 같이 간단한 C 언어 switch문을 인식하는 Lex, Yacc 입력 파일을 작성하시오.

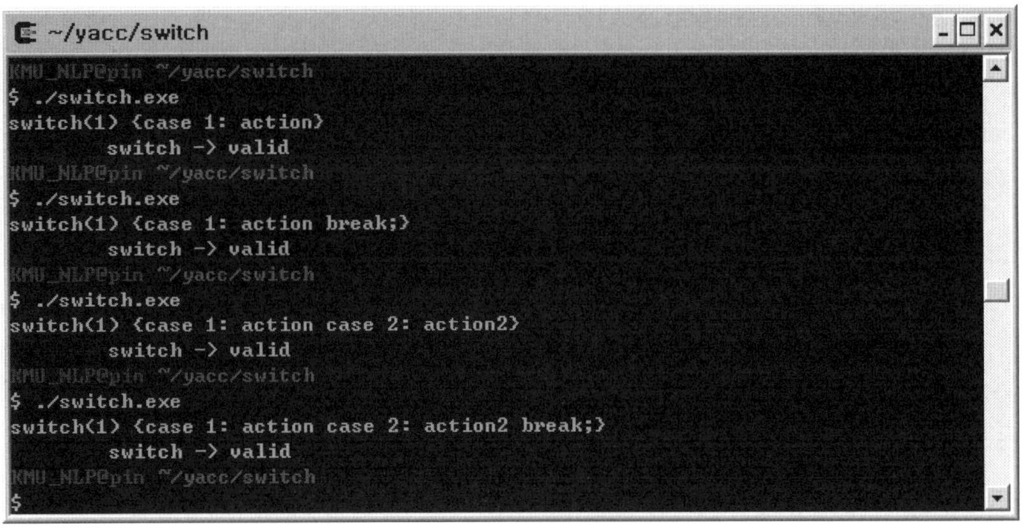

1) switch문 인식을 위해서 필요한 토큰들을 정의해 보시오.

2) 정의한 토큰들을 인식하는 Lex 입력 파일을 작성하시오.

3) switch문을 인식하기 위한 CFG 문법을 작성하시오.

4) 작성한 CFG문법을 이용하여 switch문을 인식하는 Yacc 입력 파일을 작성하시오.

5.3.3 for문을 인식하는 예제

아래 결과 화면과 같이 간단한 C 언어 for문을 인식하는 Lex, Yacc 입력 파일을 작성하시오.

1) for문 인식을 위해서 필요한 토큰들을 정의해 보시오.

2) 정의한 토큰들을 인식하는 Lex 입력 파일을 작성하시오.

3) for문을 인식하기 위한 CFG 문법을 작성하시오.

4) 작성한 CFG 문법을 이용하여 for문을 인식하는 Yacc 입력 파일을 작성하시오.

5.3.4 C 언어를 인식하는 예제

이번 장에서 배운 내용을 토대로 C 언어를 인식하는 Lex, Yacc 입력 파일을 작성하시오.

1) C 언어의 각 토큰을 인식하는 상태전이도를 작성하시오.

2) 각 토큰에 대한• 상태전이도로부터 정규식으로 구하시오.

3) 이 정규식들에 대한 Lex 입력 파일을 작성하시오.

4) C 언어 문장들에 대한 CFG 문법을 작성하시오.

5) 작성한 CFG 문법으로부터 C 언어를 인식하는 Yacc 입력 파일을 작성하시오.

참고문헌

오세만, 컴파일러 입문, 정익사, 2010.

김재훈, 도경구, 우균, 정덕길, 정민수, 컴파일러 제작, 영한출판사, 2001.

유관종, 유기영, 황대준, 컴파일러 디자인, 희중당, 1994.

노희영, 컴파일러 구성론, 상조사, 2000.

Levine, J.R., T. Mason, D. Brown, Lex & Yacc, O'Reilly & Associates, 1992.

Chomsky, N., "On Certain Formal Properties of Grammars," Information and Control, Vol.2, pp.137-167, 1959.

Chomsky, N and G. A. Miller, "Finite State Languages,", Information and COntrol, Vol.1, No.1, pp.91-112, 1963.

Rarikh, R.J., "On Context-Free Languages," J. ACM, Vol.13, pp.570-581, 1966.

Haines, L., Generation and Recognition of Formal Language, Ph.D dissertion, MIT, 1965.

Hopcroft, J.E. and J. D. Ullman, Introduction to Automata Theory, Languages, and Computation, Addison-Wesley, 1979.

Hendrix, J.E., A Small C Compiler, M&T Books, 1990.

Aho, A.V. and J.D. Ullman, The Theory of Parsing, Translation and Ocmpiling, Vol.I, II, Prentice-Hall, 1973.

Aho, A.V. and J.D. Ullman, Principles of Compiler Design, Addison-Wesley, 1977.

DeRemer, F.L., "Simple LR(k) Parsing," Comm. ACM Vol. 14, No.7, pp.453-460, 1969.

Knuth, D.E., "Semantics of Context-Free Languages," Mathematical Systems Theory, pp.127-145, 1968.

Knuth, D.E., "On the Translation of Languages from Left to Right," Information and Control, Vol.8, No.6, pp.607-639, 1965.

Mossenbock, H., "Alex - A Simple and Efficient Scanner Generator," ACM SIGPLAN Notices, Vol.21, No.12, pp.139-148, 1986.

Vuillemin, J., "Correct and Optimal Implementations of Recursion in a Simple Programming Language," pp.332-354, 1974.

Lewis, P.M. and R.E. Stearns, "Syntax-directed Transduction," J. ACM 15, pp.465-488, 1968.

Bochmann, G.V., "Semantic Evaluation from Left to Right", Comm. ACM 19, pp.55-62, 1976.

Gough, K.J., "A New Method of Generating LL(1) Lookahead Sets," ACM SIGPLAN Notices, Vol.20, No.6, pp.16-19, 1985.

Cattell, R.G., "Automatic Derivation of Code Generation form Machine Descriptions," ACM Transactions on Programming Languages and Systems, Vol.2, No.2, pp.173-190, 1980.

Korenjak, A.J., "A Practical Method for Constructing LR(k) Processors," Comm. ACM, Vol.12, No.11, pp.612-623, 1969.

Pennello, T.J., "Very Fast LR Parsing," ACM SIGPLAN Notices, Vol.21, No.7, pp.145-151, 1986.

Pennello, T.J. and F.L. DeRemer, "A Forward Move Algorithm for LR Error Recovery," Fifth Annual ACM Symposium on Principles of Programming Languages, pp.241-254, 1978.

Chitin, G.J., "Register Allocation and Spilling Via Graph Coloring," SIGPLAN 82 Symposium on Compiler Construction, pp.98-105, 1982.

Aho, A.V., M. Ganapathi, and S.W.K. Tjiang, "Code Generation Using Tree Matching and Dynamic Programming," ACM Transaction on Programming Languages and Systems, Vol.11, No.4, pp.491-516, 1989.

컴파일러와 오토마타 - 이론 및 실습 -

초판인쇄 2012년 02월 05일
초판발행 2012년 02월 10일
2판1쇄 발행 2013년 02월 25일
3판1쇄 발행 2015년 08월 31일

저 자 강 승 식
발 행 인 유 지 수
발 행 처 국민대학교 출판부
주 소 서울시 성북구 정릉로 77
전 화 02-910-4242
팩 스 02-910-4240
등 록 1975년 6월 17일 제6-33호
인 쇄 (주)상지피앤아이 Tel. 02-2275-2500

ISBN 978-89-7812-354-9 (93000)
가격 16,000원
*** 잘못된 책은 교환하여 드립니다.**

국립중앙도서관 출판시도서목록(CIP)

컴파일러와오토마타 / 저자: 강승식. -- 3판. -- 서울 : 국민대학교 출판부, 2015
p. ; cm

참고문헌 수록
ISBN 978-89-7812-354-9 93000 : ₩16000

컴파일러[compiler]
오토마타[automata]

005.453-KDC6
005.453-DDC23 CIP2015023221